Kaamelott

AU CŒUR DU MOYEN AGE

Eric Le Nabour

Kaamelott

AU CŒUR DU MOYEN AGE

Préface de
Martin AURELL

Avant-propos de
Alexandre ASTIER

PERRIN
www.editions-perrin.fr

ISBN : 978-2-262-02630-1

La tautologie étant le fondement du slogan, et n'en déplaise à nos amis archéologues : un os est un os. Et de la découverte d'un os à l'hypothèse d'un rite funéraire, le chemin est long. Long et menacé par la subjectivité. C'est pour cela qu'à partir d'un seul et même os, les spécialistes se contredisent, s'empoignent, se tapent sur la tête avec tout ce qui traîne, y compris avec d'autres os... Alors que les os représentent peut-être, finalement, la seule parole objective de nos aïeux, la seule trace intacte. Car il est indéniable que nos ancêtres ont consciencieusement trié leur linge avant de nous le donner à laver. Ce qui complique la tâche...

J'imagine un monarque se préparant pour une séance de portrait. Ses plus beaux habits, ses plus belles perruques, son maquillage, sa pose... J'ai moi-même une grand-mère qui refuse de se faire prendre en photo sans que sa mise en plis soit impeccable. Mais mon monarque – de bonne volonté, au demeurant – brouille les pistes, bat les cartes, savonne considérablement la pente, et tout cela sans s'en douter. Car où est son autre portrait ? Celui où il est représenté se levant le matin, empâté, dépeigné, la langue encore chargée des excès de la veille ? Et celui où il rigole, tout simplement, où est-il ? Et où est la retranscription de cette fameuse réunion avec son conseiller, alors même que son audition se trouvait altérée par une vilaine otite ?

« Sire, le second bataillon aura passé le fleuve dans deux heures !

– Non merci, juste une tranche de gigot avec une cuillère de sauce. »

C'est pourtant capital, tout cela... Car, si dans mille ans tous les recueils d'histoire stipulent que les dames du vingtième siècle arboraient – en toutes circonstances – une mise en plis irréprochable, la faute en sera-t-elle attribuée à la négligence des historiens ou à la coquetterie de ma grand-mère ? Et les futurs films « d'époque » mettront en scène de curieux personnages, dont le moindre cheveu aura subi le fer (à friser) et le casque (à sécher), phénomène déjà brillamment critiqué par Roland Barthes à propos des coiffures du *Jules César* de Mankiewicz.

Non, nous ne saurons jamais. Vercingétorix invoquant la rudesse du climat, refusant de se mettre tout nu pour déposer ses armes aux pieds de César, Albert Speer, les yeux sur sa maquette, se demandant si tout cela n'est pas un peu exagéré, Galilée observant le ciel de l'œil gauche les jours pairs et de l'œil droit les jours impairs pour ne pas toujours user le même, Marat constatant ses doigts tout fripés par l'eau du bain, l'archiduc d'Autriche, Gengis Khan, René Coty... Non, nous ne saurons jamais.

Tiens, il paraît que James Cameron vient de retrouver le tombeau du Christ...

Alexandre Astier

mars 2007

Préface

Entre mythe et histoire...

Le roi Arthur constitue l'un des plus grands mythes d'Occident. Un millénaire et demi après l'apparition du personnage dans la littérature, il continue d'inspirer les écrivains et les artistes qui l'adaptent aux goûts de nos contemporains. Le succès de Kaamelott *montre qu'il fascine encore. Le génie d'Alexandre Astier et de son équipe consiste justement à transformer cet ensemble d'anciens récits pour qu'ils répondent, au lendemain de l'an 2000, aux attentes des Français, Belges et Suisses, voire aux Espagnols, Italiens ou Québécois qui jouiront sous peu d'une version spécifique.*

« C'est bien, c'est moderne », l'une des répliques les plus célèbres du roi Arthur version Kaamelott, *traduit tour à tour sa sensibilité à la tolérance et aux droits des femmes ou, en revanche, son aversion pour la torture et la peine de mort. Certaines de ces idées auraient paru incongrues au public médiéval, plus habitué à écouter un barde gallois raconter les chasses sauvages du roi, ou à entendre le récit des aventures des chevaliers de la Table ronde. C'est, du reste, avec humour que* Kaamelott *joue sur un tel anachronisme, alors même qu'Arthur, porte-parole d'une opinion progressiste, provoque souvent la surprise ou l'incompréhension de son entourage. Ses points de vue sont aussi « décalés » envers son temps que son humour l'est pour nous. La vieille légende (un récit fictif rattaché à la grande histoire par quelques éléments véridiques) continue de nous parler à travers la drôlerie des sketchs de* Kaamelott.

Plastique et malléable, la « matière de Bretagne », cet ensemble de récits arthuriens, traverse les âges sans encombre. Cette expression est due à la plume de Jean Bodel (v. 1165-1210), un trouvère d'Arras, en opposition à la « matière de Rome », relative à la mythologie antique et transmettant, dit-il, le savoir des Anciens, et à la « matière de France », qui donne la prétendue « vraie histoire » de Charlemagne, Roland et leurs compagnons d'armes. « Matière » est un terme fort connoté de la philosophie étudiée dans les universités de la fin du Moyen Age. Il désigne une sorte de masse préexistante, un tohu-bohu, qui attend l'attribution d'une forme ou âme pour que naissent des êtres qui existeront individuellement. Le mythe du roi Arthur et des chevaliers de la Table ronde apparaît lui aussi comme un ensemble brut et varié de narrations prêtes à être remaniées au cours des siècles par le créateur qui lui insufflera un esprit original.

Kaamelott *est le dernier avatar d'une longue série d'œuvres qui compte bien des monuments. Il suffit d'en citer quelques-uns pour montrer combien la légende n'a jamais cessée d'être reprise, remaniée et adaptée depuis le Moyen Age : l'anonyme gallois* Kulhwch et Olwen *(v. 1000), l'*Histoire des rois de Bretagne *(1136-1137) de Geoffroi de Monmouth,* Le Chevalier au lion *(1177-1181) de Chrétien de Troyes,* Le Morte Darthur *(1485) de Thomas Malory ; puis, à l'époque moderne et contemporaine, le* Parsifal *(1882) de Wagner, bien des tableaux préraphaélites ou, dans la même veine humoristique que* Kaamelott, Un Yankee à la cour du roi Arthur *(1889) de Mark Twain et* Sacré Graal *(1975) de Terry Gilliam et la troupe des Monty Python... La liste pourrait être allongée de façon considérable. Elle montre que l'engouement pour le mythe d'Arthur n'a jamais cessé, exception faite des* XVIe *et*

XVIIe siècles, où l'on voit les notables du village de don Quichotte détruire dans un autodafé les romans bretons de chevalerie qui l'ont rendu fou ou encore lorsque les personnages de Shakespeare se moquent allégrement de Merlin, Lancelot et Camelot. Ce dernier nom – devenu « Kaamelott » à la suite d'une altération satirique imaginée par Alexandre Astier – apparaît pour la première fois au XIIe siècle, dans un manuscrit du Chevalier de la charrette *de Chrétien de Troyes, et désigne, depuis, le royaume d'Arthur.*

De nos jours, et en dépit du regain d'intérêt dû à Kaamelott, *la popularité du roi Arthur est bien plus forte en Grande-Bretagne qu'en France. Les Anglais se passionnent en effet plus que jamais pour le personnage. Extrêmement célèbres, les lieux censés garder ses vestiges, comme Tintagel – la forteresse mythique de l'engendrement d'Arthur, sur la côte de Cornouailles – ou Glastonbury – identifié, depuis au moins la fin du XIIe siècle, à Avalon, l'île féerique du dernier séjour du roi – sont très courus par les touristes. La moindre découverte archéologique d'un objet censé lui être lié obtient aussitôt une large répercussion dans les médias. Ainsi, en 1998, dans le village ancien de Tintagel, aujourd'hui en ruine, la trouvaille d'un graffiti en latin du Ve ou VIe siècle avait alerté l'opinion publique. La presse, la radio et la télévision avaient donné un large écho à cette trouvaille qui allait, disait-on, révolutionner notre connaissance du roi des Bretons. Portée sur une pierre couvrant le toit d'une habitation, cette inscription pourrait se traduire ainsi : « Artognou, père d'un descendant de Coll, le fit faire [le fit construire ?]. » A la grande déception des admirateurs du roi mythique, les spécialistes eurent tôt fait de remarquer que le nom de l'auteur de cette inscription, Artognou, ne corres-*

pondait pas à celui d'Arthur. Il s'agissait soit du nom du propriétaire ou du bâtisseur de la maison, soit de celui d'un lettré qui avait gravé quelques mots, sans cohérence aucune, sur l'une de ses pierres...

Pourtant, et en dépit des apparences, la passion arthurienne est récente chez les Britanniques. Ils admiraient surtout, encore au XIXe siècle, leurs ancêtres anglo-saxons issus des tribus germaniques qui envahirent l'île à partir du Ve siècle au détriment des Bretons ou des Celtes, le peuple d'Arthur, qui l'occupaient auparavant. Autour de 1850, les érudits anglais aiment à célébrer le savant Bède le Vénérable (672/673-735) ou le roi Alfred le Grand (878-899), qu'ils tiennent pour les représentants suprêmes de la haute politique et de la culture raffinée, héritées du continent par les Anglo-Saxons. D'ailleurs, depuis 1714, le roi d'Angleterre appartient à la dynastie allemande de Hanovre, ce qui favorise indéniablement une telle identification. Or, la Seconde Guerre mondiale change, sur ce point, les racines nationales dans l'imaginaire collectif des Britanniques. Leur mémoire se porte désormais davantage sur les Bretons, qu'ils revendiquent pour fondateurs de leur nation. La civilisation celtique vole ainsi la vedette à la germanique, ennemie du jour. Au lendemain de la guerre, Winston Churchill vante la lutte héroïque de leur chef Arthur et de ses chevaliers, « gardiens de la flamme sacrée de la Chrétienté et de l'ordre du monde, soutenus par leur courage, par leur force physique et par leurs bons chevaux et armures », contre « la barbarie, la tyrannie et le massacre, pour la liberté, la loi et l'honneur ». Son discours se comprend d'autant plus qu'Arthur est censé avoir combattu les Angles et les Saxons, facilement assimilables aux armées allemandes du Troisième Reich.

Une admiration similaire existe chez les politiciens des Etats-Unis, où une plaisanterie de journalistes, assimilant la Maison-Blanche de John F. Kennedy à Camelot, fut reprise au vol par l'entourage présidentiel, celle-ci s'appliquant d'autant mieux à son leader qu'il incarnait alors le parfait dirigeant politique. En 1963, sa mort violente donnera lieu aux spéculations les plus osées sur sa survie et sur son retour, semblables à celles dont Arthur faisait l'objet au Moyen Age. Et les journalistes ressusciteront le thème lors de la campagne présidentielle de Bill Clinton, son successeur démocrate !

L'instrumentalisation du roi Arthur n'est cependant pas nouvelle. Entre le VIe *et le* XIIe *siècle, il personnifie souvent la résistance des Bretons insulaires, réfugiés au pays de Galles et en Ecosse, contre les envahisseurs, d'abord Anglo-Saxons, puis Vikings et Normands. C'est un héros d'autant plus admiré qu'on le croit immortel. Il se reposerait – dit-on – à Avalon, où Morgane et d'autres fées aimantes pansent ses blessures et préparent son retour parmi ses combattants, auxquels il apportera du secours et même l'invincibilité.*

Arthur a-t-il existé ailleurs que dans l'imaginaire collectif ? Au risque de quelques déceptions, la question mérite d'être posée. Des sources sûres attestent, tout au plus, cinq ou six guerriers de ce nom entre 550 et 650. S'ils ne portent jamais le titre de roi, ils appartiennent à des dynasties royales ou princières de la haute aristocratie irlandaise, contrôlant les royaumes de Dál Riada (nord de l'Irlande et ouest de l'actuelle Ecosse) et de Dyfed (sud-ouest du pays de Galles). Leur installation en Grande-Bretagne leur fait adopter un nom local, qui pourrait bien signifier « homme ours », Arth-gwr *en gallois moderne. En effet, les Celtes aimaient alors à s'approprier de façon magique les forces des fauves, en s'appelant comme eux. L'un de ces Irlandais de Grande-Bretagne a dû se tailler la réputation hors pair d'un combattant aguerri et courageux, souvent victorieux contre l'envahisseur germanique. Autour de 600, le barde Aneirin écrit une longue élégie en langue celtique, intitulée* Les Gododdins, *du nom d'une tribu bretonne installée dans le pays de l'actuel Edimbourg, dont quelques centaines de combattants furent massacrées par les Angles à la bataille de Catterick (Yorkshire) vers 570. Il compare Gwawrddur, l'un de ces Gododdins tombés au champ d'honneur, à Arthur en raison de la largesse avec laquelle il a distribué ses chevaux à ses proches avant le départ pour l'expédition, de sa vaillance qui le fait se battre en première ligne, et de sa force qui lui permet de jeter bien des cadavres d'Angles en pâture aux corbeaux. Cette toute première mention littéraire d'Arthur semble renvoyer à un personnage historique – peut-être l'un des guerriers irlandais de Dál Riada ou de Dyfed – plutôt que mythologique.*

En parallèle, une légende merveilleuse du roi Arthur voit le jour. Attestés au moins depuis le IXe siècle, de nombreux contes rattachent sa personne à des sites exceptionnels, comme certaines montagnes, fontaines ou certains mégalithes, devenus ses trônes, fours ou palais. Ils le décrivent comme un géant à l'appétit pantagruélique, puissant au point de transporter, seul, les rochers les plus lourds ou de tuer les sangliers les plus dangereux. Avec une bande de joyeux compagnons, à la force aussi colossale que la sienne, il navigue vers l'Autre Monde dont il rapporte des talismans et des trésors. Un de ces lieux légendaires parmi d'autres se trouve dans la campagne de Cefn-y-Bryn, village gallois de l'ouest du Glamorgan, où un dolmen de quelque vingt-cinq tonnes est appelé la Pierre d'Arthur. Une tradition locale le décrit comme un caillou introduit dans la chaussure du géant. Comme il le dérangeait dans sa progression vers le champ de bataille de Camlan, il l'enleva et le jeta à une dizaine de kilomètres plus loin. Au XIX*e siècle encore, les jeunes filles y déposaient à minuit des gâteaux de farine d'orge, du miel et du lait ; elles rampaient ensuite trois fois autour ; si leur amoureux venait alors, elles avaient la confirmation de sa fidélité et de leur mariage imminent avec lui. Ce rite de fécondité montre le fort investissement folklorique dans un lieu dont les cultes plongent leurs racines jusqu'au néolithique. L'ours Arthur pourrait bien être une ancienne divinité païenne. Les mythes élaborés et racontés à son sujet attirent sa sympathie et sa protection sur la Grande-Bretagne contre les forces maléfiques et contre les envahisseurs d'au-delà des mers.*

Cette double tradition, guerrière et mythologique, n'aboutit qu'au IX*e siècle à un Arthur qu'on considère « historique ». Vers 830, Nennius, un intellectuel gallois de l'entourage de l'évêque de Bangor, décrit ses luttes, pour la première fois, en latin. Cette langue dite savante est utilisée alors en exclusivité pour l'écriture, alors que le cymrique, le dialecte celtique du pays de Galles, donne lieu à une « littérature » (faut-il utiliser ce mot qui renvoie à l'écrit plutôt qu'à la voix ?) seulement orale, mémorisée et mise en performance par les bardes. Dans l'*Histoire des Bretons *(bien entendu de Grande-Bretagne et non de Petite-Bretagne, comme on dit au Moyen Age, ou d'Armorique), il dresse sèchement la liste des douze batailles qu'Arthur, « chef de guerre » et non roi, a remportées, sous la protection de Notre-Dame, contre les Saxons. Son texte reprend probablement* une énumération de combats chantés avant lui par les bardes. Le chiffre douze, à forte teneur chrétienne, coïncide avec le nombre des tâches d'évangélisation qu'il vient d'attribuer, dans un chapitre précédent, à saint Patrick (v. 389-461), le missionnaire de l'Irlande. Nennius, ennemi des Anglo-Saxons qui occupent l'est de l'île, adapte ainsi à un enseignement religieux les traditions exaltant Arthur en paladin de l'indépendance bretonne. La deuxième mention d'Arthur dans un ouvrage latin à prétention historiographique apparaît dans les Annales de Cambrie (Cambrie ou Cambria, désigne le pays de Galles), écrites vers 950 à Saint Davids, la ville épiscopale du Dyfed. La particularité de ce texte est d'attribuer, pour la première fois, une chronologie au personnage en plaçant en 516 sa victoire du mont Badon et en 537 sa mort à la bataille de Camlan. Il est hasardeux d'accorder un quelconque crédit à une source si tardive.

Ce n'est qu'au début du XIIe siècle que Geoffroi de Monmouth (mort en 1155), fabulateur hors pair, fait d'Arthur le roi de toute la Grande-Bretagne, d'où il expulse les Anglo-Saxons, et le conquérant victorieux de presque toute l'Europe continentale. Ce clerc d'origine galloise écrit à Oxford son Histoire des rois de Bretagne (1136-1137), dans un latin aussi clair qu'efficace. Plein de vie et d'anecdotes, son récit connaît un succès sans précédent. On en conserve, en effet, cinquante-huit manuscrits pour le seul XIIe siècle, chiffre exceptionnel, qui témoigne d'une diffusion large et rapide. Il est très vite traduit. En 1155, le Normand Wace en donne une adaptation en dialecte français anglo-normand et en vers octosyllabes qui surclasse toutes les autres traductions. L'adaptation en anglais est due, vers 1200, au prêtre Layamon, qui peine à gommer l'hostilité aux Anglo-

Saxons d'une œuvre toute à la gloire des Bretons. Si le livre de Geoffroi rapporte l'histoire des rois bretons depuis l'arrivée sur l'île des fondateurs troyens de leur dynastie jusqu'en 689, il n'en consacre pas moins un tiers à la geste d'Arthur. Son règne s'ouvre par les longues prophéties de Merlin, dont Geoffroi rédige aussi la *Vie* en vers latins, entre 1149 et 1151. Tout au long du haut Moyen Age, les Celtes politisent en profondeur les obscures vaticinations de leurs druides jusqu'à en faire une arme de propagande redoutable contre les Anglo-Saxons, dont elles prédisent la défaite proche. En traduisant et remaniant ces oracles, Geoffroi témoigne de sa veine patriotique galloise.

Son exaltation d'Arthur est du même ordre. Elle reflète sa fierté d'appartenir au grand peuple breton, qui connut un passé glorieux sous sa conduite, avant que les invasions germaniques ne le refoulent vers le pays de Galles, dernier réduit de sa résistance. Ce roi a été conçu de façon magique : les sortilèges de Merlin ont permis, en effet, à son père le roi Uterpendragon (« Tête de dragon ») de se métamorphoser pour prendre l'apparence physique du mari d'Ygerne, la femme convoitée, et pour s'unir à elle. Pour rédiger cet épisode, Geoffroi s'est aussi bien inspiré de ses lectures d'histoire grecque, lui apprenant la conception similaire d'Alexandre le Grand par le pharaon magicien Nectanébo, que d'anecdotes proches racontées par les bardes en langue bretonne, que nous retrouvons dans l'épopée irlandaise la *Conception de Mongan* ou dans le conte gallois *Pwyll, prince de Dyved*. L'histoire continue de nous faire sourire, comme le prouve l'épisode « Polymorphie » de *Kaamelott* où Arthur apprend – avec le visage impassible à la Buster Keaton qu'on lui connaît –, des lèvres *des siens, son étonnante conception. Les acteurs respectent scrupuleusement le texte de l'*Histoire des rois de Bretagne, *montrant, par ricochet, que la littérature médiévale ne saurait passer de mode.*

D'après Geoffroi, Arthur chasse, dans sa jeunesse, les Anglo-Saxons de Grande-Bretagne. Il conquiert ensuite l'Irlande et la péninsule scandinave, se prépare à prendre Rome. Mais auparavant, il doit affronter son propre neveu qui s'est révolté après lui avoir ravi son épouse Guenièvre. Au cours de la bataille, Arthur est blessé à mort. La légende lui attribue alors une survie dans l'Au-delà d'où il doit revenir pour défendre ses compatriotes. Dans la réalité, cette légende a influé sur le cours des événements. En effet, inquiets pour leur pouvoir, et conscients que l'espoir du retour d'Arthur attise la rébellion galloise ou armoricaine, les rois d'Angleterre héritiers des Normands s'empressent d'encourager la découverte du tombeau d'Arthur. L'« invention », comme on dit au Moyen Age, de sa dépouille a lieu en 1190 ou 1191, au début du règne de Richard Cœur de Lion (1189-1199). En suivant les indications de son père Henri II (1154-1189), qui affirmait les avoir obtenues d'un barde gallois, les moines de Glastonbury creusent dans leur cimetière. Ils y découvrent les ossements d'un homme et d'une femme, avec une croix indiquant leur identité par l'inscription : « Ci-gît l'illustre roi Arthur avec Guenièvre, sa seconde épouse, dans l'île d'Avalon ». Ils les rapportent aussitôt dans l'église abbatiale, où ils construisent un mausolée digne de ces hauts personnages. A la même époque, Richard passe l'hiver au sud de l'Italie alors qu'il est en route pour la croisade. Il donne alors à Tancrède de Lecce (1190-1194), roi normand de Sicile, son épée Excalibur en échange de dix-neuf navires sur lesquels poursuivre son expédition. L'épée mythique d'Arthur n'est certainement pas phosphorescente, comme celle que dans un heureux clin d'œil Kaamelott fait à La Guerre des étoiles. Elle ne provient probablement pas du tombeau de Glastonbury dont l'ouverture a lieu après le départ de Richard. Forgée pour l'occasion ou puisée dans le Trésor royal, elle témoigne d'une volonté idéologique de s'approprier la légende arthurienne, au détriment de l'irrédentisme gallois. Jean sans Terre (1199-1216), un autre fils d'Henri II Plantagenêt et d'Aliénor d'Aquitaine, préfère, quant à lui, le glaive de Tristan – amoureux d'Iseult et chevalier de la Table ronde. Celui qu'il reçoit pour son adoubement porte le nom de Curtana, comme l'épée de Tristan, et présente une petite encoche sur son fil : la légende prétend, en effet, que l'épée avait perdu ce morceau en frappant le crâne du maléfique géant Morholt. Ces symboles présentent un poids politique considérable.

Au cours des années 1190, dans toutes les cours continentales, les romans de Chrétien de Troyes et de ses continuateurs ont popularisé l'image du roi Arthur jusqu'à en faire un personnage de la littérature commune d'Occident. Elle n'est donc plus étroitement associée à la résistance des Celtes contre les Germains ou les Normands. Arthur, jusqu'alors « roi des Bretons », ennemi juré des Anglo-Saxons ou des aristocrates de l'ouest de la France menés par Guillaume le Conquérant, se transforme en « roi d'Angleterre » ! Par un renversement paradoxal, la dynastie régnante d'origine normande et angevine l'utilise même pour justifier sa conquête de principautés celtiques.

Un siècle plus tard, Edouard Ier d'Angleterre (1272-1307) utilise de façon bien plus systématique les prétendues conquêtes d'Arthur *pour donner un fondement historique à son invasion du pays de Galles et de l'Ecosse. A Pâques 1278, il organise en grande pompe la réouverture du tombeau d'Arthur à Glastonbury et la translation de ses restes dans la nouvelle chapelle qu'il a fait construire. C'est vraisemblablement lui aussi qui commande une table de forme ronde pour une grande fête organisée dans son palais de Winchester en 1290. Ce meuble polychrome de 5,5 mètres de diamètre y est encore exposé de nos jours et le public de* Kaamelott *sourira sans doute en la comparant à la table qu'un menuisier aux talents de* marketing *avérés réalise, en suivant les consignes strictes d'Arthur, dans l'épisode « La table de Breccan ». Plus sérieuse, cependant, est l'utilisation de l'histoire de Geoffroi de Monmouth comme arme de propagande de guerre par Edouard Ier. Ce dernier rapporte solennellement à l'abbaye de Westminster, à Londres, la couronne d'Arthur qu'il prétend avoir récupérée des Gallois. De tout cela, il fait des atouts pour revendiquer son hégémonie sur l'Ecosse après avoir soumis le rebelle Bruce Wallace Braveheart. Ainsi, en définitive, les rois d'Angleterre auront su au cours du Moyen Age utiliser à leur profit la légende arthurienne. Cette récupération idéologique est d'autant plus frappante qu'elle était, quelques siècles auparavant, une arme redoutable dans les mains de leurs ennemis gallois.*

Réduire cependant le mythe d'Arthur à son utilisation politique est appauvrissant. A la fin du Moyen Age, la matière de Bretagne devient le centre d'une littérature dont le but premier est d'amuser et de détendre son public, qui écoute, à quelques différences anodines près, ses histoires tout comme nous regardons Kaamelott. *L'amour et l'aventure sont au cœur des romans dont il faut placer la genèse au*

XIIe siècle. Ce mot désigne un récit en langue vernaculaire dérivée du latin, à commencer par le français utilisé par les premiers romanciers. Il s'applique aussi à un genre littéraire qui ne se veut pas vrai, mais fictif. Le roman arthurien met en scène trop de fées, nains, géants et merveilles ou phénomènes surnaturels pour être crédible. Son cadre est ouvertement aristocratique. C'est dans des cours raffinées qu'évoluent des chevaliers errants au sens de l'honneur pointilleux et leurs demoiselles, aussi belles et élégantes que dévouées.

Le public du roman serait-il, par conséquent, exclusivement un public d'aristocrates ? En l'absence de tout document fiable sur le sujet, il est difficile de répondre à la question. Deux ouvrages insistent cependant sur leur caractère élitiste. Le chroniqueur Wace dit que « les livres sont faits pour les gens puissants qui possèdent les rentes et l'argent », affirmation matériellement exacte au su du prix du parchemin et du travail du copiste. Mais il est dit aussi : « Que tout le monde se taise à ce sujet, sauf clercs et chevaliers, car les autres ne peuvent rien apprécier, si ce n'est comme un âne à la harpe. » Certains témoignages mettent en avant la circulation de romans dans la haute aristocratie, en particulier parmi les dames qui s'adonnaient davantage à la lecture que leur mari ou leurs frères. Leur chambre devenait souvent un cercle littéraire, où les romans étaient lus à haute voix devant un groupe d'auditeurs, selon le principe des feuilletons à suspense. La complexité des problèmes amoureux, le bien-fondé des décisions politiques, les cas moraux à la guerre ou des situations inextricables donnaient lieu à des discussions à bâtons rompus entre connaisseurs, qu'on imagine volontiers nobles cultivés voulant briller en société. Il en allait de même avec les traits d'humour qu'on se répétait volontiers, comme après avoir visionné un épisode de Kaamelott. En définitive, au Moyen Age, les romans nourrissent une forme de sociabilité courtisane et courtoise, qui rappelle, à bien des égards, les salons mondains du XVIIIe siècle.

Au cours des années 1170-1190, Chrétien de Troyes, un clerc de la suite du comte de Champagne, est le véritable initiateur du roman de chevalerie breton, promis à un riche avenir. Arthur, roi de Bretagne et seigneur des chevaliers de la Table ronde, est au cœur de son œuvre. Il présente, sous sa plume, un double visage. Arthur, guerrier et chasseur, déborde d'activité et contrôle aussi parfaitement son entourage qu'il écrase ses ennemis. Mais il existe aussi un Arthur plus passif. Certains événements le dépassent même : il a du mal à garder la fidélité de son épouse Guenièvre, séduite par Lancelot du Lac, ou à faire régner l'ordre en sa propre cour, malmenée par l'agressivité de ses adversaires qui le défient insolemment, voire par l'arrogance de Keu, son sénéchal. Le personnage littéraire semble avoir vieilli au même rythme que Chrétien. Il abandonne, en effet, la fougue du juvenis, le jeune guerrier célibataire prenant la route en bande, pour l'oisiveté du senior, le châtelain marié, sédentaire et posé, maître d'un vaste domaine. Il n'en reste pas moins attachant pour le lecteur en raison de sa bienveillance envers ses hommes et de la peine qu'il éprouve pour leurs souffrances.

Il n'empêche que ses jeunes guerriers, réunis autour de la Table ronde, lui ont volé la vedette. Ils incarnent le type même du « chevalier errant en quête d'aventure », « qui cherche l'introuvable, l'aventure pour mettre à l'épreuve ma vaillance et mon courage », dit Calogrenant, l'un d'entre eux, au début du Chevalier au lion. Ils *quittent ainsi la cour pour entreprendre un périple semé d'obstacles et d'embûches. C'est en les surmontant qu'ils perfectionneront leurs nombreuses qualités. Parmi ces chevaliers, Gauvain est le préféré d'Arthur. La relation « avunculaire » (il est son neveu par sa sœur) qui les unit explique cette affection dans une société aristocratique où les enfants sont souvent éduqués dans le château de leur oncle maternel. Gauvain n'est pas seulement un combattant hors pair. Toujours prêt à rendre poliment service et à pacifier les conflits de son entourage, il est le modèle d'une parfaite courtoisie. Chrétien lui colle cependant le défaut de ses qualités : il est mondain et peu religieux, et il succombe souvent aux charmes féminins.*

Autre personnage campé par Chrétien : Perceval le Gallois, adolescent mal dégrossi, inculte et naïf, que sa mère a toujours éloigné de la cour et de la chevalerie, responsable de la perte de son mari et de ses autres fils. Dans le Conte du Graal, *dont il est dès le début le protagoniste, il ne se souvient de son nom, comme par enchantement, qu'au vers 3575 d'un roman qui en compte à peine 9000. Un épisode de* Kaamelott *joue avec bonheur sur cette amnésie onomastique ; un autre met sur ses lèvres la formule, devenue célèbre depuis : « C'est pas faux » qu'il prononce à tort et à travers pour cacher son ignorance, provoquant des quiproquos désopilants.*

Ce rapide parcours sur les vicissitudes du personnage d'Arthur et de quelques-uns de ses compagnons entre les années 600 et 1200 montre combien, durant cette longue période, ils ont évolué. Nullement statiques, toujours malléables, leur figure et leur caractère sont remaniés par des auteurs qui cherchent avant tout à satisfaire les attentes de leurs contemporains. L'Arthur que Geoffroi de

Monmouth imagine a beau lutter contre Romains et Anglo-Saxons, comme s'il était un chef de tribu bretonne du V*e siècle, il n'en combat pas moins à cheval, une lance calée sous l'aisselle, protégé par un écu, un heaume et un haubert à la façon des chevaliers des années 1130 auxquels est adressée l'œuvre. Il en va de même pour le raffinement des cours décrites par Chrétien de Troyes, qui sont davantage celles des principautés territoriales de la renaissance du* XII*e siècle que celles des chefferies de village breton au lendemain de l'effondrement de l'Empire romain.* Kaamelott *joue exactement de la même façon sur les deux plans : le contexte politique est celui de la fin de Rome et des invasions barbares, mais la tenue, les armes et les palais d'Arthur correspondent à la fin du Moyen Age. Dans les pages qui suivent, Eric Le Nabour a mis en valeur de façon remarquable cette dualité chronologique de l'émission, qui est déjà sensible dans les romans du* XII*e siècle.*

Rappelons que Kaamelott *ajoute un troisième volet à ce diptyque : l'humour, les idées et les mœurs de la France, et plus généralement de l'Occident, à l'orée du* XXI*e siècle. Il en résulte un élément parodique des plus réussi. En outre, le médiéviste ne peut que se réjouir de voir sa période de prédilection devenue, par ricochet, si sympathique et si proche. Le Moyen Age du bon sauvage, tant soit peu fêtard et roublard, auquel nous avaient habitués* Sacré Graal *et* Les Visiteurs, *est aussi celui de* Kaamelott. *Ce n'est certainement pas celui du* Nom de la rose *ou de* La Passion Béatrice, *perpétuant la légende noire d'une période sombre et oppressante en proie à toutes les violences. Le rire de* Kaamelott *ne sert pas seulement à exorciser nos complexes et peurs envers une époque prétendument obscure et* *grotesque, où nous nous résignerions, tant bien que mal, à découvrir nos racines. Il jette plutôt un pont entre notre modernité et un passé auquel nous devons nombre de nos valeurs. Il établit, enfin, une autre passerelle, qui éveille chez le grand public de l'intérêt pour son histoire. C'est dans un esprit identique qu'Eric Le Nabour rend plaisante une période qu'il ressuscite avec ses talents d'écrivain.*

Martin AURELL

LES MONDES D'ARTHUR

Il n'est qu'à regarder *Kaamelott* pour comprendre que la série n'est pas seulement décalée par ses personnages, mais aussi par ses anachronismes.

Car dans quel monde exactement évoluent Arthur, Guenièvre, Merlin, Lancelot, Perceval ou Bohort ? Est-ce dans cette période terrible de la mise en place des royaumes « barbares » sur les ruines de l'Empire romain, au lendemain des grandes migrations de peuples qui ont transformé l'Europe de l'Ouest ?.... Ou est-ce dans ce Moyen Age flamboyant des XIIe-XIIIe siècles tel que nous pouvons le décrypter à travers châteaux, vêtements, armures, amour courtois et même vie quotidienne ?

Bien sûr, l'apparition d'Attila et de... son Hun envahisseur, du roi Burgonde plus pantagruélique que picoreur ou de centurions romains nostalgiques de leur Latium natal, nous ramène à la première époque. Celle qui voit la chevalerie arthurienne s'installer autour de la Table ronde, Arthur réciter des poèmes et nouer de tendres amours, en revanche, nous fait immanquablement penser à un Moyen Age plus tardif et plus civilisé que barbare.

Le glissement, au sein de la série télévisée, est permanent. Arthur et les siens oscillent entre deux mondes séparés pourtant par six ou sept siècles d'histoire.

Mais les récits qui nous parlent d'Arthur de Bretagne – Nennius, Geoffroi de Monmouth, Robert Wace – ou les romans du Graal n'opèrent-ils pas la même confusion ? Ne passent-ils pas constamment d'une époque à l'autre, évoquant tantôt une histoire politique pour le moins confuse datée du VIe siècle, tantôt les exploits d'un roi devenu légendaire et dont la vie et la mentalité semblent beaucoup plus proches d'un baron du XIIe siècle tenté par les croisades et l'amour courtois.

C'est de ces deux mondes qu'il nous faut parler à présent. Car, si Merlin est un personnage dont l'historicité est discutable, s'il est plutôt une figure mythique et intemporelle, l'histoire du roi Arthur s'inscrit malgré tout dans un contexte historique défini.

À BARBARE, BARBARE ET DEMI

Pour mieux comprendre, remontons le temps.

Au milieu du IVe siècle, l'Europe occidentale est globalement partagée en deux zones majeures. La première comprend le pourtour de la Méditerranée et le nord-ouest de l'Europe. La seconde concerne le nord, le centre et l'est du continent, ainsi que les montagnes d'Afrique du Nord. La première est – du moins en théorie – sous la domination de l'Empire romain. La seconde comprend des populations dites « barbares » – aux yeux des mêmes Romains qui ne jugent une « civilisation » qu'à l'aune de son tissu urbain et de sa culture écrite. Or ces Barbares – celtes, berbères, germaniques ou scandinaves – sont, eux, de culture essentiellement rurale et orale.

En réalité, pour les Romains, est barbare tout ce qui n'est pas romain ! Cela peut sembler quelque peu simpliste, mais n'en implique pas moins à l'intérieur de l'Empire un réel sentiment d'unité face à ces autres populations. La « Romana » est une entité à multiples facettes, mais elle représente une certaine idée de la vie de la cité, de la culture, des arts, des lettres, qui constitue un ciment capital dont les peuples barbares semblent incapables.

Pour l'homme de l'Antiquité classique, le Barbare est donc l'autre. Mais à chacun son Barbare. Le Romain l'est aux yeux du Grec, le Perse aux yeux du Byzantin, le Germain ou le Vandale aux yeux de tous les autres. Le mot n'a pas la connotation péjorative qu'on lui connaît aujourd'hui. Excepté sans doute chez certains écrivains latins – Claudien, Ammien Marcellin – pour qui le « Barbare » n'est de toute évidence qu'un être fruste, voire monstrueux (les Huns !) et qui, poussé par l'appât du butin, ne songe qu'à tuer, violer et piller lors de ses déplacements.

Qui sont-ils, ces Barbares ? Des tribus germaniques des bords du Rhin et de la Weser (Alamans, Francs, Burgondes), des Scandinaves (Frisons, Saxons, Goths), des Slaves, des Berbères d'Afrique du Nord et aussi des Celtes non soumis à Rome (Irlandais, Scots et Pictes de Calédonie, la future Ecosse).

Outre la décadence de l'Empire romain, partagé à plusieurs reprises et gouverné par des empereurs de plus en plus médiocres – simples dictateurs désignés par les soldats de leurs légions –, ce sont pourtant ces peuples qui vont porter un coup fatal à l'intégrité de l'Empire.

Il ne faut pas imaginer ces « invasions barbares » comme un déferlement terrible de hordes sauvages balayant tout sur leur passage. La plupart de ces migrations se sont déroulées sur plusieurs siècles, tantôt brutales, tantôt lentes. Parfois même, il s'est agi d'une pénétration progressive et assez paisible. Selon les peuples, les zones de peuplement, le phénomène apparaît donc multiple et complexe.

L'une des raisons principales de ces migrations semble être les grands mouvements de peuples d'Asie qui, refoulés vers l'ouest, repoussèrent à leur tour Slaves et Germains.

Dès l'époque de l'empereur Marc Aurèle (161-180), en tout cas, on voit des Germains s'installer pacifiquement aux marges de l'Empire. Rome, plutôt que de les combattre, cherche d'ailleurs à les intégrer en leur allouant des terres incultes et en s'en faisant des alliés, voire en les enrôlant comme mercenaires dans les rangs des armées impériales.

Au cours des IIIe et IVe siècles, la pression est encore faible. Certes, des raids francs, alamans ou berbères ont régulièrement lieu, mais l'Empire est encore en état de les supporter. La situation change brusquement avec l'arrivée des Huns vers 375. Ceux-ci déclenchent un phénomène de migrations en chaîne, repoussant les Goths vers le sud et les Germains vers l'ouest.

En 406, la frontière du Rhin est alors emportée par les Suèves, les Alains et les Vandales qui, eux, pousseront leur migration guerrière jusqu'en Afrique où ils fonderont le premier royaume barbare indépendant sur le sol de l'Empire. Les Burgondes, pour leur part, s'installent dans la vallée du Rhône, tandis que les Wisigoths, ayant pris Rome en 410 sous la conduite de leur chef Alaric, finissent par s'installer en Espagne comme « fédérés ».

Cette fois, le choc est considérable. « Il nous vient d'Occident une rumeur effrayante, gémit saint Jérôme. Rome est investi ; les citoyens rachètent leur vie à prix d'or ; mais, sitôt dépouillés, ils sont encerclés de nouveau ; après avoir perdu leurs biens, il leur faut encore perdre la vie. Mais ma voix s'étrangle et des sanglots m'interrompent tandis que je dicte ces mots. Elle est conquise, cette ville qui a conquis l'univers. Que dis-je ? Elle meurt de faim avant de périr par l'épée ; à peine y reste-t-il quelques hommes à mener en captivité. » Et plus tard, il ajoutera : « Depuis dix ans, les Goths et les Vandales font de nous une horrible boucherie ! »

L'Empire, malgré sa totale impuissance, espère encore faire de ces Barbares des alliés. Et, en effet, lorsque Attila paraît en Gaule, Burgondes, Francs et Wisigoths s'allient à Rome pour lui infliger la sérieuse défaite des champs Catalauniques (451). Ce qui n'est guère le cas des Vandales qui, en 455, vont se livrer à un pillage en règle de Rome.

Dès lors, la décomposition de l'Empire est inéluctable. A partir de 460, Suèves, Burgondes et Wisigoths se déclarent indépendants. En 476, le dernier empereur romain Romulus Augustule – un adolescent – est déposé.

Tous les peuples barbares sont désormais conscients qu'un monde vient de s'écrouler et qu'ils constituent à eux seuls l'embryon d'un monde nouveau. Exprimé sur le mode *Kaamelott*, cela donne ce dialogue choc. Face à un centurion romain, Arthur et Léodagan – son beau-père – parlent politique.

Arthur (impérieux) : *C'est fini Rome, terminé, et tout le monde le sait.*

Léodagan : *Comment il s'appelle déjà, votre empereur ?*

Le centurion : *Romulus Augustulus.*

Léodagan : *Et quel âge il a ?*

Le centurion : *Onze ans et demi !*

Léodagan : *Onze ans et demi !... Vous parlez d'une superpuissance*[1] *!*

En face de cet enfant que la tourmente de l'Histoire va emporter, il n'y a donc plus désormais qu'un empereur : celui de Constantinople. Et un seul empire : celui d'Orient, qui survit à l'est du monde latin.

Et au Nord ?

S'il y a bien eu quelques tentatives en Gaule pour maintenir un semblant d'autorité romaine à travers quelques chefs locaux, le déferlement du Vᵉ siècle n'en a pas été moins violent. « Les légions ont évacué la Bretagne insulaire avant 410-420 : les Irlandais par le nord et l'ouest, les Jutes et les Saxons par le sud et l'est, multiplient les coups de main et les destructions pour s'implanter finalement du Kent aux frontières de l'Ecosse (c'est-à-dire au sud du mur d'Hadrien dont les vestiges sont encore visibles aujourd'hui[2]), en dépit d'une très vigoureuse résistance autochtone, cause probable du caractère très sanglant ici des "invasions" et au VIᵉ siècle du puissant exode des Bretons vers l'Armorique continentale[3]. »

Très sanglant ?....

Nous revoilà soudain revenus au royaume d'Arthur et au VIᵉ siècle qui nous intéresse, puisque c'est à cette époque que sont censés avoir vécu les héros de la légende arthurienne.

---

1. *Kaamelott*, livre I, tome 2, épisode 6.

2. Ce mur, érigé sous le règne de l'empereur Hadrien (117-138) servait à protéger la Britannia des Pictes venus d'Ecosse.

3. Robert Fossier, *L'Occident médiéval (Vᵉ-XIIIᵉ siècle)*, Hachette, 1995.

Mais, avant d'examiner le cas breton[1] – cette Bretagne qu'on n'appelle pas encore l'Angleterre – essayons de voir qui sont exactement ces Barbares qui viennent de balayer dix siècles d'histoire romaine.

DES ROITELETS AUX DENTS LONGUES

Face à l'ordre instauré par l'Empire romain, face à sa culture urbaine multiséculaire, face à la fameuse *Pax romana* (la paix romaine) qui fit régner pendant longtemps ordre et prospérité au sein de la vaste entité romaine, les peuples barbares offrent en effet l'image du désordre et de la violence, de l'anarchie et de la noirceur.

Est-ce si simple ?

A côté d'un prince philosophe tel que l'empereur Marc Aurèle, que pèsent en effet un Genséric, un Théodoric ou même un Clovis ?

La réalité, on s'en doute, est un peu plus complexe que celle des vieux manuels d'histoire du XIXe siècle qui évoquaient avec délectation les meurtres familiaux entre Mérovingiens, les « rois fainéants » ou les débris du vase de Soissons.

Après avoir détruit, il fallait bien d'ailleurs reconstruire, et cette reconstruction ne pouvait se faire en quelques années.

En fait, ces Barbares qui avaient détruit Rome ne songèrent dans

---

1. Le nom Angleterre (*England*, la terre des Angles, qui remplacera celui de Bretagne) tire son nom de l'invasion germanique des Angles et des Saxons entre les Ve et VIIe siècles. Ceux-ci repoussèrent les Bretons vers le pays de Galles, les Cornouailles, l'Irlande. D'autres Bretons, traversant la mer, gagnèrent la péninsule armoricaine, qui prit alors le nom de Bretagne.

un premier temps qu'à s'installer sur les ruines de l'Empire et à y organiser leurs royaumes.

Mais qu'y avait-il de récupérable dans ces ruines ? La fin de l'Empire romain avait été marquée par une succession de despotes issus pour la plupart des rangs de l'armée et à la merci du moindre complot. La christianisation opérée sous Constantin au IVe siècle avait sapé les fondements de la religion traditionnelle romaine et, par voie de conséquence, de l'ensemble des valeurs de sa société. L'administration était corrompue, alourdie par une bureaucratie contraignante, l'Etat surendetté, la fiscalité accablante et inefficace, l'armée désorganisée, les mœurs relâchées.

Face à cette incurie, on est en droit de se demander si les chefs barbares étaient moins honorables que les derniers représentants de l'autorité romaine.

Issus d'une lignée bien affirmée, ces Germains ou ces Slaves apparaissent comme des hommes incarnant une autorité elle-même reconnue et respectée. Ils règnent et gouvernent. Ils édictent également des lois. Comme on l'a fait très justement observer, les édits de Clotaire Ier en Gaule, ou de Théodoric en Italie valent bien les derniers décrets impériaux du IVe siècle. Quant à leur culture orale – essentiellement poétique – il est bien difficile aujourd'hui de la comparer à celle des auteurs latins. Est-ce à dire qu'elle était moins brillante ?

En réalité, c'est l'éclatement de l'Empire qui facilite ce sentiment de dispersion, voire de désordre et donc de faillite d'une civilisation.

En dépit des différences notables entre peuples, il existe pourtant des points communs qu'il importe de souligner.

Car, si Arthur est un chef de guerre du VIe siècle, alors il doit bien ressembler un peu à ces roitelets aux dents longues qui ont contribué à saper les fondements de l'Empire romain tout en gardant parfois la nostalgie de l'ordre qu'il incarnait.

Au contraire des Césars romains, le chef de guerre barbare est chevelu, il n'est pas fatalement vêtu d'une toge mais de peaux animales, pas plus qu'il n'est porté en triomphe sur un char, mais sur un bouclier par ses guerriers. Astérix n'est pas loin, mais cette vision n'est pas fausse, comme dirait le Perceval de notre série culte.

Plutôt que sur les apparences, c'est en fait dans l'organisation de la vie politique et sociale du peuple ou du clan dont il est le chef de guerre que le « roi barbare » se distingue des Latins ou des Orientaux. Si les royaumes wisigothiques d'Espagne ou d'Italie ont cherché parfois à se mouler sur le modèle romain, la différence est visible. Le chef barbare s'installe en priorité dans un « palais rural » ou une demeure fortifiée, et non dans une ville. D'autre part, il vit entouré de fidèles qui lui ont prêté serment, et non d'administrateurs, de fonctionnaires ou de soldats de métier. Ces familiers ont beau être des guerriers, ils sont avant tout des hommes dévoués à un chef reconnu pour tel et auxquels les lie un serment que rien ne saurait rompre. Ils le servent à la guerre, mais aussi à table, en voyage, peuvent remplir diverses missions en raison de leur mobilité.

Pas de notion non plus de *Res publica* chez les Germains, les Slaves ou les Huns – surout pas chez les Huns restés longtemps nomades. Pas de centralisation. La terre est considérée comme un patrimoine que l'on peut partager, distribuer à sa guise, ce qui est un facteur de division et de rivalités. Pas de système fiscal établi, excepté sur les cadres vermoulus de l'Empire romain. La guerre est donc souvent une nécessité vitale. On va chercher ailleurs, sur d'autres terres, ce qui manque à ses besoins. D'où les raids réguliers, les pillages, les tributs imposés à ses ennemis, que ce soit en argent, en nourriture, en bétail, ou même en hommes, c'est-à-dire en esclaves.

Un tel mode de vie est évidemment à l'exact opposé de la société impériale, celle de Rome comme celle de Constantinople, seule survivante du partage de 395. C'est pourquoi cette Europe d'Arthur au VIe siècle nous donne le sentiment d'un monde éclaté. Entre les zones habitées subsistent d'ailleurs de vastes étendues vierges, boisées, marécageuses, qui accentuent encore le sentiment de séparation entre ces différents peuples barbares.

Peu à peu cependant, ces chefs de guerre vont, en faisant souche et en se sédentarisant, changer de méthode de gouvernement comme de mode de vie. De petites chefferies dont le « roi » est établi dans une demeure fortifiée, on passe ainsi à des tribus de plus en plus importantes, groupées autour d'un souverain élu ou dont le pouvoir deviendra héréditaire, mais aussi à des confédérations auxquelles s'agrègent des peuples divers, soit par alliance, soit par absorption pure et simple. Les Huns eux-mêmes en viendront à s'unifier, et un ambassadeur grec, Priscos, lorsqu'il découvre en 449 en Valachie le palais d'Attila, ne craint pas de parler d'une véritable cour. Eberlué, il évoque le chef hun – plus pugnace pourtant que le nabot de *Kaamelott* ! – entouré de la reine, de ses fidèles et qui, allongé sur un lit moelleux, festoie dans de la vaisselle d'or tout en écoutant des chants et des poèmes !

Les clichés, on le voit, ont la vie dure et les Barbares ne sont pas toujours là où on pense les trouver.

N'allons pas plus loin. L'Europe de l'Ouest, au VIe siècle, n'est pas Constantinople. Sur les ruines de l'Empire romain, il a fallu d'abord installer une économie de subsistance. Exploiter – et surtout faire exploiter – la terre. Pour cela, l'esclavage demeure une nécessité, même si des hommes libres travaillent également sur leur propre exploitation.

Les peuples barbares n'en sont pas devenus pour autant des agriculteurs du jour au lendemain. La faiblesse de l'outillage, la mauvaise qualité des rendements faute d'engrais et qui impose une culture sur brûlis et de longues jachères, limitent considérablement les possibilités d'expansion.

Ici, Abel joue contre Caïn[1]. Les peuples barbares pratiquent l'agro-pastorale. Plutôt que des laboureurs, ce sont avant tout des éleveurs et des chasseurs. Ils affichent avec fierté le nombre de leurs têtes de bétail – bovins, porcs, moutons – et de leurs chevaux. La possession d'un important troupeau et de vastes pâturages est un signe de richesse et de puissance encore plus recherché que la terre cultivable.

La sédentarisation définitive et les progrès techniques qui interviendront dans les siècles suivants changeront évidemment cette perception.

---

1. Dans le symbolisme biblique, Caïn représente les peuples d'agriculteurs sédentaires, et Abel les peuples nomades se consacrant à l'élevage des troupeaux.

Là où, en revanche, l'enracinement est peut-être le plus profond, c'est dans les mœurs et les croyances qu'il faut le chercher.

La société barbare, on l'a longtemps répété, n'est pas patriarcale. Au sein d'une famille étendue, car autour du père, de la mère et des enfants, on trouve parfois d'autres femmes – les Germains, les Slaves, et les peuples nomades sont volontiers polygames –, des parents plus ou moins proches ou des serviteurs. Parfois même, cette famille élargie devient clan (un terme celte tiré du gallois médiéval *cenedl*). Des familles parentes, alliées ou solidaires, se regroupent en une entité plus large et qui développe assez rapidement une mentalité clanique dont les caractéristiques sont connues : référence à un ancêtre commun, biens et usages collectifs, histoire véhiculée par une transmission orale.

Cette entité très structurée possède une unité qui peut la servir – à *Kaamelott*, on se réunit autour de la table ronde – ou la desservir – à *Kaamelott*, il importe de savoir si l'on est pour ou contre Arthur de Bretagne ! Ce qui signifie que cette mentalité clanique a ses avantages et ses inconvénients.

Dans le premier cas, les décisions sont prises en commun lors de réunions de conseils parentaux. Elles concernent par exemple la lutte contre un ennemi commun, les attributions de terres et leur exploitation, les mariages, ou les actions judiciaires.

Dans le second cas, cette mentalité clanique peut entraîner des luttes incessantes, des haines inexpiables et des vengeances en cascade. Elle exige également de la part de chacun une forme d'abnégation puisque l'individu y est compté pour rien par rapport au groupe. Tel est le cas notamment des femmes qui n'ont guère le droit à la parole, font l'objet de marchandages et sont surtout vouées à la transmission du patrimoine génétique.

A quoi croient-ils en outre, ces Barbares ?

Au pouvoir des druides, à Merlin ?

La réalité est plus complexe, et différente suivant les peuples. On peut tout de même dégager quelques grandes lignes. Les peuples germains ou scandinaves, les Bretons ou les Saxons vénèrent les forces naturelles, expressions de divinités multiples. Ils croient aux génies, aux fées, aux dieux protecteurs des récoltes, des troupeaux. Chaque région possède même son ou ses dieux préférés, ce qui ne facilitera pas la tâche de l'Eglise dans ses tentatives de conversion.

Pour la plupart des peuples cependant, un dieu – parfois une triade – prédomine. Il est le dieu majeur, incarnation de la force guerrière, de la fécondité, de l'amour ou de la sagesse. Il occupe une place à part dans le panthéon.

Est-ce affirmer pour autant que les Celtes prenaient les chênes pour des dieux, ou que les Germains associaient véritablement Donar ou Thor au tonnerre et aux éclairs ? Le débat entre historiens des religions n'est pas clos. Qu'il soit permis cependant de faire remarquer qu'une question comme celle-ci paraîtrait aujourd'hui encore totalement incongrue pour un Indien dont le panthéon compte des milliers de dieux et qui ne voit à travers chacun d'entre eux qu'une facette de la même réalité absolue.

L'arrivée du « Dieu unique », c'est-à-dire du christianisme, va évidemment changer la donne. D'autant que l'Eglise disposera d'un atout majeur. Légataire de Rome, elle est dépositaire de la culture gréco-latine et donc d'un tout autre mode de pensée. Elle est le vecteur d'un héritage qui perdure et perdurera, mais qui surtout a conservé tout son prestige aux yeux des peuples barbares naguère en contact avec Rome. N'est-ce pas d'ailleurs pour cette raison que ces roitelets devenus rois n'oseront jamais – pas avant Charlemagne en tout cas – rivaliser avec l'empereur de Constantinople en arborant le titre de *basileus* ?

Au sein de ces clans barbares – quelques dizaines, quelques centaines ou quelques milliers de personnes –, la solidarité restera donc encore longtemps l'élément fondamental permettant de survivre dans une société tout entière livrée à la violence et à l'anarchie et qui, peu à peu, va se reconstruire, s'unifier. Mais le christianisme jouera dans cet effort un rôle capital. De même qu'il était le lien rattachant le nouveau monde à l'Empire romain, il sera l'élément unificateur des peuples qui allaient bâtir ce nouveau monde sur les ruines de l'ancien.

Cela prendrait tout de même plusieurs siècles.

Au terme d'un combat qui devait voir le triomphe définitif du père Blaise sur Merlin, le « grand vainqueur de la belette de Manchester ».

LE CAS BRETON

Arthur était-il un Barbare ? S'il a vécu en Angleterre – la *Britannia* – au VIe siècle, et nous verrons qu'il faut bien envisager cette hypothèse comme historique, alors sans aucun doute. Il ne pouvait être que l'un de ces chefs de guerre – *dux bellorum* – l'un de ces chefs de clan qui guerroyaient impitoyablement sur tous les fronts.

Chose étonnante, les chroniques occidentales ignorent alors à peu près tout des secousses qui ébranlent les îles Britanniques. Comme si la Bretagne était littéralement coupée du monde, de l'Europe en tout cas.

Mais, pour comprendre, revenons une fois de plus quelques siècles en arrière.

S'il faut en croire les traces archéologiques, les premières communautés agricoles en Grande-Bretagne[1] remonteraient à 4500 ans avant Jésus-Christ. Nous ne sommes plus dès lors à l'époque des nomades se déplaçant en fonction des besoins des troupeaux, mais à celle des premiers sédentaires. A la tête de ces communautés fermières et fermées, un chef et un autre personnage d'une importance considérable : le forgeron, celui qui est le maître des métaux servant à produire armes et outils de première nécessité.

C'est également à cette époque que l'on trouve ces monuments impressionnants et mystérieux dont nous n'avons pas encore saisi toutes les significations : Stonehenge et Silbury Hill dans le Wiltshire.

Passe l'âge du bronze. Des métaux comme l'or ou le cuivre sont alors importés, mais des mines d'étain seront bientôt découvertes qui vont faire de l'île de Bretagne une puissance économique à part entière.

Au VIe siècle, l'influence du monde méditerranéen (Rome, Grèce, Etrurie) ouvre de nouvelles voies commerciales qui permettent à l'île de développer son potentiel économique et artistique. L'art breton

1. Par commodité de lecture, nous avons spécifié chaque fois qu'il est question de l'Angleterre, afin de ne de pas confondre avec la région française.

est florissant, ses forgerons réputés pour la fiabilité de leurs armes et la beauté de leurs créations.

Ce n'est que cinq siècles plus tard, en fait, qu'apparaissent les premiers « royaumes celtes » de Grande-Bretagne sans que l'on puisse attacher à ces « royaumes » une définition très précise. La terre n'appartient pas aux « chefs de guerre » dont l'entourage immédiat conserve le même profil qu'autrefois : un clan, des liens tribaux, une clientèle.

Ensuite, Rome entre en scène.

Pourquoi, d'ailleurs ? Sur ce point, les historiens s'interrogent toujours. Est-ce pour punir les Bretons insulaires (de Grande-Bretagne) de s'être alliés avec les Belges féroces que César haïssait ? Est-ce pour s'emparer des mines d'étain de l'île ? Est-ce – vieux subterfuge – parce que l'empereur Claude, grand pourfendeur de Juifs, astrologues et autres cultes orientaux, voulait détourner l'attention des Romains de sa politique intérieure et de ses problèmes conjugaux ?

Quoi qu'il en soit, visitée par César en 55 avant Jésus-Christ, la Grande-Bretagne n'est véritablement colonisée qu'au Ier siècle sous l'impulsion de l'empereur Claude. Non sans des résistances très violentes d'ailleurs ! Aussi, les Romains ont-ils pris soin de laisser en place une bonne part de la structure traditionnelle existante, de façon à ne pas s'aliéner des populations qu'ils ne pouvaient contrôler militairement.

Les Celtes ne forment pas alors ce qu'il est convenu d'appeler une nation. Comme pour l'Europe chrétienne médiévale, leur unité n'est pas horizontale, mais verticale. Elle tient à des principes d'ordre spirituel incarnés par les druides dont les collèges forment le soubassement de la civilisation bretonne. Ce sont d'ailleurs les druides qui lutteront et encourageront jusqu'au bout à la lutte dans le but de préserver la vieille religion druidique, orale et d'une extrême tolérance au regard d'un christianisme écrit, fixé et peu enclin au compromis.

En dépit de mille précautions et de l'apprivoisement progressif des Bretons insulaires, la romanité n'a donc jamais pu s'implanter là comme elle a pu le faire en Gaule. Le latin était certes la langue officielle, administrative, commerciale, mais elle ne pouvait remplacer le gallois, le cornique. Le pays se partageait en petits royaumes qui étaient autant de clientèles plus ou moins bien intégrées à la province. Si l'infrastructure administrative ou routière y était assez développée, les villes étaient peu peuplées et les Bretons « romanisés » en faible nombre. Londres (*Londinium*) s'étendait alors sur une superficie maximale de treize hectares. L'ensemble du pays appartenait aux peuples des forêts qui échappaient la plupart du temps au contrôle de Rome.

Au IVe siècle, la province romaine de Britannia ne comprend d'ailleurs ni l'Irlande ni l'Ecosse du Nord (Calédonie). Même géographiquement, la pénétration romaine n'est donc pas complète, loin s'en faut. Pas plus que le christianisme n'est parvenu réellement à s'implanter. Dans les campagnes, le paganisme persiste et resurgira au lendemain du départ de Rome. Un point d'histoire à ne surtout pas oublier lorsqu'on évoque le personnage d'Arthur de Bretagne.

A cette époque, la *Pax romana* n'est déjà plus qu'un souvenir. Des « Barbares » celtes font de fréquentes incursions en Bretagne

(Angleterre). Les Scots d'Irlande, maîtres de la mer, attaquent les côtes occidentales à bord de leurs *curragh*, de petits bateaux très légers, maniables et rapides, recouverts de peaux. Tantôt ils pillent, tantôt ils s'installent et fondent de véritables principautés, au pays de Galles notamment. Au Nord, ce sont les Pictes – dont se réclame Séli, la mère de Guenièvre – qui ont poussé leurs incursions vers le sud et, en 418, franchiront le mur d'Hadrien. A cela, il faut encore ajouter de nouveaux envahisseurs apparus à l'est de la Britannia : Jutes, Angles, Frisons, Saxons et qu'on regroupera sous ce dernier terme générique.

Lorsque en 410, sous le règne d'Honorius, Rome annonce qu'elle se retire du jeu, les invasions reprennent de plus belle. Dix ans plus tard, la Grande-Bretagne est livrée à elle-même. L'anarchie et la guerre règnent partout. Les structures romaines sont abandonnées, de même que le christianisme qui n'a jamais réussi à s'installer que dans les villes.

Cette période que l'on a surnommée les « Ages sombres » de l'île de Bretagne (*Dark Ages*) est pourtant capitale. « C'est la période de formation, écrit l'historienne Nora Chadwick, qui vit la naissance de la plupart des langues, des idéaux et des traditions qui prédominent encore dans la plus grande partie des îles Britanniques. »

Mais sombre tout de même... Rome n'est plus là pour faire régner un ordre minimal. La province de Britannia éclate en une multitude de petits royaumes, de tribus, de clans, qui ou bien vivent en autarcie, ou bien se fédèrent pour mieux se défendre contre les envahisseurs germaniques. En un mot, elle retrouve ses racines celtiques.

Comme l'écrit un moine gallois installé dans le Morbihan, Gildas : « La Bretagne détient encore le nom romain, mais non plus les usages et les lois de Rome [...] privée de tout soldat en armes, de ses forces militaires, ignorante désormais complètement de tous les usages de la guerre, devenue ainsi une proie facile, et d'abord pour deux nations transmarines très cruelles, les Scots au nord-ouest, les Pictes au nord, est frappée de stupeur et gémit depuis nombre d'années. »

Face à ces menaces diverses, la Grande-Bretagne redevient un pays de guerriers avides de rapines, de butins, pasteurs et non agriculteurs, prêts à tout pour défendre leurs biens, leurs terres ou leurs royaumes. Leurs chefs sont des *tyranni* qui se sont imposés par la force ou à la suite d'une élection.

Un nom émerge de cette multitude de « roitelets » : Vortigern, qui n'est d'ailleurs pas un nom propre, mais signifie simplement « grand chef ». Il semble, si l'on se fie à certains chroniqueurs – dont le fameux Nennius qui écrit beaucoup plus tard, au IXe siècle –, qu'il ait joué alors un rôle de fédérateur face aux Saxons qui, divisant pour mieux régner, voulaient isoler les Celtes de Domnonée (Devonshire) de ceux du pays de Galles. Vortigern s'alliera d'ailleurs avec ces mêmes Saxons contre les Pictes. Par la suite, un certain Ambrosius Aurelius, que le moine Gildas qualifie de « dernier des Romains », prendra le relais en construisant une flotte avec laquelle il pourchassera les Saxons. Vers 460, l'île de Grande-Bretagne a trouvé en lui un maître, un héros et un symbole derrière lequel se rangeront tous les Celtes désireux de conserver leur indépendance.

A cette date également, la Grande-Bretagne réintègre, selon

l'expression de Jean Markale, un « schéma impérial ». Les relations sont rétablies entre l'Eglise bretonne et la papauté. Le commerce avec le continent reprend. La Grande-Bretagne apparaît de nouveau tranquille et prospère.

« Le chef de ce temps, écrit le chroniqueur Bède, fut Ambrosianus Aurelianus, un homme de bon caractère et le seul de la race romaine qui survécut à la catastrophe. Ses propres parents avaient été tués, qui étaient de lignée royale. Sous sa conduite, les Bretons prirent les armes, obligèrent leurs conquérants à la bataille et, avec le secours de Dieu, leur infligèrent une défaite. Depuis lors, la victoire balança d'abord d'un côté, ensuite de l'autre, et cela jusqu'à la bataille du mont Badon, lorsque les Bretons firent un considérable massacre des envahisseurs. Cela eut lieu quarante-quatre ans après leur arrivée en Bretagne. »

La bataille du mont Badon...

Celle-ci ne devait se dérouler qu'en 516. Ambrosius n'était plus là depuis longtemps pour combattre les Saxons. Ce sera en réalité un autre chef de guerre qui, en écrasant les « envahisseurs », stoppera alors la menace saxonne pour plusieurs décennies.

Un certain Arthur de Bretagne !

L'AUTRE MONDE D'ARTHUR

Si Arthur a bien vécu historiquement au VIe siècle, *Kaamelott* n'oublie jamais de nous rappeler – et pas seulement sous forme de clin d'œil – que le personnage nous est surtout connu par des textes très postérieurs, des textes des XIIe et XIIIe siècles. En cela, comme on l'a dit, la série opère un glissement constant entre l'histoire et la légende.

Comment d'ailleurs les séparer ? Pas plus que les chroniqueurs Nennius, Geoffroi de Monmouth, Robert Wace, Robert de Boron ou Chrétien de Troyes plus tard, les historiens ne peuvent évoquer l'Arthur de Bretagne historique sans faire référence à un autre Arthur : celui dont se sont emparés la littérature et le Cycle du Graal. Difficile donc de comprendre les arrière-plans de la série sans faire un bond dans le temps pour jeter un coup d'œil sur la société médiévale à laquelle il est fait allusion en permanence.

Car elle est bien loin l'époque des Vortigern, Ambrosius et autres chefs de guerre qui ravageaient l'île de Grande-Bretagne. Lorsque le clerc gallois Geoffroi de Monmouth écrit son *Histoire de rois de Bretagne*, nous sommes en 1138. Il y a presque quarante ans que les croisés ont pris Jérusalem et que les Etats latins d'Orient sont constitués. En Angleterre, règne désormais un petit-fils de Guillaume le Conquérant, Etienne de Blois. A Paris, c'est le roi Louis VII qui gouverne et partira bientôt en croisade au côté de Conrad III, empereur d'Allemagne. Un autre empereur règne encore à Constantinople : Alexis Comnène.

En 1138, la culture antique a survécu grâce aux ordres religieux qui en ont assuré la conservation et la transmission en langue latine. Désormais, c'est la philosophie médiévale elle-même, inspirée d'Aristote, qui domine. Les émules de Merlin ont disparu corps et biens dans la tourmente, à l'exception de leurs lointains et médiocres descendants qui ne se livrent plus qu'à une basse sorcellerie. Le christianisme, en revanche, a étendu son blanc manteau d'églises des vallées d'Irlande aux rives de la Volga. L'Europe tout entière est devenue chrétienne. Son ennemi n'est plus le Saxon, mais le Sarrasin depuis qu'un nouveau prophète nommé Mohammed a fait son apparition au VIIe siècle, en Arabie.

L'Europe est également en plein essor économique, commercial, technologique. Plus de peuples barbares ni de pasteurs, mais des royaumes constitués, des agriculteurs sédentaires, de meilleurs rendements agricoles, moins d'épidémies.

Ce temps-là n'est plus celui des chefs de guerre bretons, tels Vortigern ou Arthur de Bretagne, mais celui des barons, des princes, des comtes ayant à leurs côtés des vassaux qui leur ont prêté serment d'allégeance. Une société dite féodale qui a réinventé de nouvelles formes de solidarité en correspondance avec tout un tissu de liens familiaux, sociaux, économiques, religieux surtout. Le christianisme s'est imposé comme le seul et unique lien fédérateur dans toute l'Europe. Les rois sont chrétiens et censés obéir à la loi de Dieu interprétée par la papauté. L'Eglise est même parvenue à réglementer la guerre en imposant la trêve de Dieu qui interdit de se battre entre le mercredi soir et le lundi matin, pendant l'Avent et le Carême.

Ce n'est plus le temps des « chefferies », des clans, des guerriers, mais celui des Etats, des principautés et des ordres militaires. Ni celui des lopins de terre qu'on cultive tant bien que mal, mais celui des commanderies et des vastes exploitations agricoles. Pas plus qu'il n'est celui des fermes fortifiées, mais celui des seigneuries et des châteaux. Ni même encore le temps de l'économie autarcique, mais celui des échanges internationaux, du commerce avec l'Orient, des marchands, des premières banques.

Même les femmes ont changé. Elles ne vont plus si souvent à la bagarre, ni même ne sont plus toujours prêtes à en découdre pour défendre leurs biens, leurs familles ; elles se sont assagies, probablement au contact du modèle romain. La femme du XIIe siècle, si elle continue d'assumer des responsabilités, d'hériter d'un fief, de le gouverner – certaines d'entre elles en tout cas, n'allons pas trop loin –, entretient des liens privilégiés avec le clergé qui lui assigne désormais la fonction de pacifier les relations entre les hommes. Objet de la vénération masculine, elle reçoit désormais les hommages du chevalier. L'amour courtois n'est pas si loin, que chanteront poètes et troubadours. Les rapports entre les sexes se sont adoucis. L'idéal d'un amour unique, fidèle, constant, a supplanté l'amour de conquête, la polygamie, et même – sans l'exclure – la simple obsession lignagère.

Est-ce à dire que tout soit rose dans ce monde féodal du XIIe siècle ? Bien sûr que non. La violence règne toujours, et les guerres. Lors de la prise de Jérusalem en 1099, les croisés se sont montrés d'une barbarie – au sens moderne du mot – épouvantable. Les « répurgateurs » de *Kaamelott* – on les appellera bientôt inquisiteurs – ont remplacé les druides, et Merlin doit se retourner dans sa tombe. Le christianisme des clercs, à tout prendre, se montre souvent plus intolérant que la vieille religion celte. Le père Blaise peut désormais prendre sa plume et dresser sa liste de péchés et d'interdits. Tout a été structuré, codifié, minutieusement ajusté pour que l'Eglise ait une réponse à chaque question, ordinaire ou extraordinaire, matérielle ou spirituelle, affective ou guerrière, sexuelle ou commerciale. L'Eglise s'est infiltrée dans tous les secteurs d'activité, dans tous les actes de la vie quotidienne, dans toutes les strates de la société. C'est elle qui, désormais, donne le *la* !

Adalbert de Laon, un siècle plus tôt, l'avait déjà dit : « Il y a ceux qui prient, ceux qui combattent et ceux qui travaillent. » Il avait ainsi défini les trois ordres de la société médiévale. Sans oublier de placer l'Eglise au premier rang de cette liste.

Oui, tout a changé. Il y a toujours des ennemis à combattre, mais les cibles ne sont plus les mêmes. Tout est également devenu plus complexe, plus raffiné. Le monde connu est un monde plus vaste, la pensée une pensée moins fermée. Lorsque Arthur cite un poème chinois, faut-il croire qu'il le tient d'Attila, ou le voyage de Marco Polo qui date du XIIIe siècle a-t-il déjà laissé des traces dans les cours d'Occident ?

Six siècles ont passé, et le vieux monde d'Arthur a presque disparu.

Presque, mais pas totalement. Dans le temps long de l'époque médiévale qu'étudient les historiens, il subsiste des permanences. Les changements en profondeur se remarquent à peine d'une génération à l'autre. Il y a ainsi moins de différence entre un chef de clan breton du VIe siècle et le chevalier de Louis VI le Gros – lequel meurt l'année même ou Monmouth écrit son *Histoire des rois de Bretagne* – qu'il n'y en a entre un grognard de Napoléon et l'un de nos concepteurs actuels de puces électroniques.

UN MONDE RÊVÉ

Ni Vortigern ni Arthur de Bretagne, dont on nous dit qu'il repoussa les Saxons à la bataille du mont Badon, ne seraient néanmoins très à l'aise dans ce monde du XIIe siècle. Sans doute y trouveraient-ils certains avantages, mais aussi beaucoup d'inconvénients : une liberté moins grande, des forêts moins étendues, des cadres politiques et économiques beaucoup plus stricts, une foi plus contraignante... Et pourtant, l'« Arthur » de *Kaamelott* se déplace entre ces deux mondes – celui des Barbares et celui plus raffiné de l'époque féodale – avec une aisance surprenante.

MERLIN, L'ENCHANTEUR DE BRETAGNE

Un druide à barbe blanche, un laboratoire, des grimoires, des cornues, des potions, des filtres magiques...

Nous sommes au château de *Kaamelott*, dans le laboratoire du druide Merlin, le grand enchanteur de Bretagne, « grand vainqueur de la belette de Winchester ».

Attachant, loufoque, Merlin – « petit merle » en français – a bon cœur mais mauvais caractère. Il a un faible pour le roi Arthur, les tours de magie qui s'achèvent généralement en désastres, et nourrit quelque animosité mêlée d'envie à l'égard de son collègue Elias. Il est vrai que là où le druide Elias – avec qui le roi Arthur l'a chargé de collaborer – met au point un « souffle mortel », Merlin, après s'être essayé à la potion d'invincibilité sans grand résultat, préfère « la potion permettant de réduire le temps de dessalage des filets de morue ».

Quelle que soit la personnalité imaginée par Alexandre Astier, le concepteur de *Kaamelott*, et même si la légende s'en est emparée comme de tous les autres personnages de la saga arthurienne, Merlin n'a probablement jamais existé. Et quand bien même cette hypothèse se révélerait fausse, Merlin incarne bien plus qu'un druide reclus dans son laboratoire, au cheveu fou, à la langue bien pendue, à l'humeur parfois massacrante, et dont la science magique s'accommode souvent des pires pitreries.

AVANT QU'ARTHUR FÛT... ÉTAIT MERLIN

Du Merlin primitif imaginé par le chroniqueur Geoffroi de Monmouth au XIIe siècle et le « romancier » Robert de Boron au XIIIe, au Merlin de *Kaamelott*, en passant par le sémillant enchanteur de Walt Disney et le druide barbu de la forêt de Brocéliande décliné sur tous les modes par la littérature et le cinéma, Merlin compose une figure à part dans la saga arthurienne.

Merlin, le grand enchanteur de Bretagne ! Figure emblématique s'il en est, puisqu'elle est revendiquée aujourd'hui encore par les Gallois, les Anglais de l'île de Bretagne, les Ecossais, et nos « Bretons bretonnants » !

Merlin le prophète, à la fois mythe et symbole cent fois détourné de sa vocation originelle, et inspirateur de bien des fantasmes qui trouvent encore de nos jours leur expression la plus cocasse. Ne voit-on pas, en effet, chaque année en forêt de Paimpont des émules modernes de Merlin courir la lande pour y célébrer d'anciens rituels remis au goût du jour ? Enveloppés dans des suaires d'une blancheur immaculée qui aurait mis Guenièvre – le « blanc fantôme » – en joie, ils pratiquent des rites dont ils ne possèdent plus ni les formes ni les clés. Ils jouent aux druides avec un sérieux assez peu druidique d'ailleurs, voulant ignorer que la tradition celte, depuis longtemps interrompue, ne peut évidemment revendiquer aujourd'hui le moindre héritier. Bref, ils nous confirment le proverbe selon lequel le ridicule ne tue pas.

Venant de Paimpont, il faut traverser le village du Buisson avant de s'engager dans une petite vallée menant à un plateau de schistes rouges. C'est là que la tradition situe l'emplacement du tombeau de Merlin. Un tombeau en vérité bien modeste puisqu'il n'est constitué que de deux supports de schistes. Mais qu'importe la modestie du monument ! Le tombeau de Merlin est aujourd'hui encore un lieu de pèlerinage pour tous ceux qu'enchantent le mythe des druides et la saga du roi Arthur. Il est même permis de parler de sanctuaire. Ne trouve-t-on pas au pied du tombeau, au milieu de couronnes de feuilles, de fleurs des champs ou de rubans entrelacés, des ex-voto témoignant de prières à Merlin, exaucées ou non ?....

La vérité oblige cependant à préciser que ce monument date d'au moins 2000 ans avant Jésus-Christ. Il est donc peu probable qu'il concerne le Merlin historique, s'il a jamais existé. Mais le lieu – qu'il soit ou non celui d'un défunt – a très probablement servi à des cultes ou des liturgies qui nous sont aujourd'hui inconnues.

En réalité, comme pour tous les personnages de la saga arthurienne, les renseignements fiables dont nous disposons sur lui sont minces.

A cela, une raison qui tient à ce qu'on appelle aujourd'hui « l'histoire des mentalités ». Le Moyen Age passe plus allégrement que notre époque de l'historique au légendaire et du légendaire à l'historique. Difficile, dans ce contexte, de démêler les deux. Surtout si l'on tient compte que les notions de vrai et de faux ne sont pas tout à fait les mêmes au XIIe siècle qu'à notre époque et qu'une partie de l'univers mental de ce temps nous échappe.

Au vrai, l'histoire vue sous l'angle purement chronologique et factuel intéresse moins les hommes du Moyen Age que l'exemplarité – voire la symbolique – du récit. Le Moyen Age ne partage en rien notre obsession du temps, du moins pas avant le XIVe siècle qui verra l'apparition des premières horloges. Le temps est celui de l'Eglise, le rythme celui des heures canoniques, et les chroniques tenues dans les monastères n'ont rien de calendriers précis d'événements.

Dans la chronologie toute relative de la saga arthurienne, Merlin précède ainsi Arthur. Et pour cause, puisqu'il est à l'origine de sa naissance.

LA VIE RÊVÉE DE MERLIN

C'est à un clerc du XIIe siècle, né dans le sud du pays de Galles mais dont la famille était peut-être d'origine armoricaine, Geoffroi de Monmouth (1100-1155) que nous devons une première *Vita Merlini*[1], datée de 1151 et écrite en vers et surtout une *Histoire des rois de Bretagne* (1136-1137), dont le succès sera considérable. Ce chanoine de Saint-Augustin au chapitre de Saint-George d'Oxford, dont toute la carrière semble s'être déroulée comme maître dans la même ville, fréquentait la haute aristocratie normande qui, depuis la conquête de l'Angleterre par Guillaume le Conquérant en 1066, pèse de tout son poids sur le monde occidental d'alors. Devenu plus tard évêque de Saint-Asaph (Llanelwy, au pays de Galles), il ne devait guère se soucier toutefois de son siège d'évêque, plus préoccupé par la littérature et ses relations « mondaines ».

Geoffroi de Monmouth écrit en latin. Mais, s'il se fonde sur des

1. *Vita*, en français : vie. Les *vitae* forment un genre littéraire au Moyen Age, sorte de biographies des personnages de l'époque médiévale. Elles étaient généralement écrites par des clercs en latin.

sources historiographiques anciennes, il s'appuie également sur des sources orales d'origine celte, et – lorsque l'information lui fait défaut – sur une imagination fertile qui lui permet de mêler habilement réalité et fiction.

Selon Monmouth, Merlin serait donc, à l'origine, le roi d'une tribu de Basse-Ecosse et aurait vécu au VIe siècle. A cette époque, la Basse-Ecosse est occupée par des tribus bretonnes qui ont été chargées par les autorités romaines de contenir les incursions des envahisseurs pictes venus du Nord et des Gaëls venus d'Irlande.

Merlin, nous dit Monmouth, qui commandait aux « Démètes superbes » (au sud du pays de Galles) avait vécu sous beaucoup de rois et était célèbre dans l'univers. Pour quelle raison ? Parce qu'il était roi ? Non ! Parce qu'il était prophète. Les chants de Merlin, dit-on, prédisaient l'avenir.

Pourtant, c'est au combat que nous retrouvons Merlin dès le début de la *Vita Merlini*. Il s'est rangé au côté de Peredur, roi des Venedotiens (nord du pays de Galles) afin d'en découdre avec le roi d'Ecosse Guennolous. La bataille fait rage. Hélas, trois frères de Merlin périssent au combat. Fou de douleur, Merlin en perd la raison et s'enfuit au désert où il devient une sorte de Robinson Crusoé bucolique et désespéré. Dès lors, il se nourrit de baies et de fruits tout en remplissant la forêt calédonienne (Ecosse) de ses plaintes déchirantes.

L'histoire pourrait s'achever là, sur le lamento d'un roitelet vaguement devin et terrassé par la douleur. Mais Geoffroi de Monmouth ne pouvait s'arrêter en si bon chemin.

Merlin en fuite, le roi Rodarchus – le roi de Cambrie[1] qui a épousé sa sœur, Ganieda – s'inquiète de la disparition du druide et devant le juger plus utile sain d'esprit à sa cour que perdu au fond des bois, lui expédie un envoyé. Celui-ci, armé d'une cithare, s'enfonce alors dans la forêt et chante toute la douleur de Guendoloena, la femme de Merlin, pour ramener celui-ci à la raison.

Le résultat ne se fait pas attendre. Merlin recouvre ses esprits et accepte docilement de se laisser reconduire à la cour de son beau-frère où l'on donne une fête en son honneur.

Fin de l'acte I.

Hélas, le charme ne dure qu'un moment. Très vite, Merlin s'ennuie. Rodarchus a beau lui offrir de somptueux vêtements, de l'or, des pierres précieuses, des oiseaux, des chiens, rien n'y fait. Merlin soupire après les « grands chênes de la forêt de Calédonie[2] et les hautes montagnes ».

Il les retrouvera. Mais, avant de partir, Merlin a la générosité de permettre à Guendoloena de se remarier. A une condition, quand même : s'il revient assister aux noces, il ne devra en aucun cas apercevoir le mari qu'elle a choisi. Sur quoi, il retourne à ses bois et ses bêtes sauvages.

Une nuit, cependant, il lit dans le ciel que sa femme s'apprête à convoler de nouveau. Rassemblant un troupeau de daims et de chèvres, il se rend chez Guendoloena monté sur un cerf et muni de plusieurs présents.

---

1. Le Cumberland.
2. L'actuelle Ecosse.

Quelle n'est pas la surprise de « madame Merlin » de voir alors arriver son devin de mari en si fringant équipage ! Un équipage qui provoque l'hilarité du nouveau soupirant. Prenant ombrage de ses rires, Merlin s'empare alors de deux cornes de cerf et les lui jette au visage, frappant à mort ledit fiancé. Puis, regrettant son geste, il prend aussitôt la fuite.

Rattrapé par ses poursuivants au bord d'un torrent, Merlin est néanmoins ramené à sa sœur. Chargé de chaînes, retenu captif, voilà notre devin à nouveau plongé dans l'abattement.

Fin de l'acte II.

La mélancolie de Merlin triomphera finalement de Rodarchus et de Ganieda. Agacés d'entendre ses prophéties, ils décident de le relâcher. Ganieda se propose alors de l'accompagner dans son ermitage, mais Merlin refuse. Tout juste accepte-t-il qu'elle lui rende parfois visite et même qu'elle lui apporte de la nourriture quand il viendra à manquer.

Ce qu'il lui demande, en revanche, c'est de lui bâtir en forêt une sorte de tour d'observation. Elle sera percée de soixante-dix portes et d'autant de fenêtres afin de lui permettre d'observer le ciel. De simple devin qu'il était, Merlin devient astrologue et astronome avant la lettre.

Pas moins de cent quarante scribes vont désormais recueillir ses oracles !

A sa sœur Ganieda venue le visiter, Merlin peut ainsi prophétiser les guerres civiles des Bretons, l'arrivée du loup marin (Gormont), les invasions des Ecossais et tant d'autres événements encore qui le désolent sur le sombre avenir de la Bretagne.

De retour chez elle, Ganieda trouve Rochardus mort. La disparition de son mari l'affecte tant qu'elle décide de tout quitter pour rejoindre Merlin. En chemin, elle convainc Taliesin, le grand barde gallois – qui est allé étudier auprès du moine Gildas – de l'accompagner.

Aussitôt dit, aussitôt fait. Taliesin passera le reste de ses jours auprès de Merlin et de Ganieda.

Fin de l'acte III.

Entre Taliesin, Ganieda et Merlin, la complicité apparaît totale. Si totale qu'elle s'accompagne d'un miracle.

Est-ce à force de se souvenir ou plutôt à cause d'une fontaine aux eaux mystérieuses qui vient de jaillir du fond de la vallée, Merlin, après avoir bu quelques gorgées d'eau, retrouve définitivement la raison.

Un autre visiteur à l'esprit troublé répondant au nom de Maeldinus, et en qui Merlin a reconnu un ami de jeunesse autrefois beau et fringant chevalier, bénéficie lui aussi de la source miraculeuse et décide, une fois guéri, de demeurer auprès du druide.

Entre Taliesin, Maeldinus, Ganedia et Merlin, l'entente règne désormais, sans nuages. Excepté que Ganieda, au contact de son frère, est prise à son tour de subites inspirations prophétiques. Admiratif, Merlin considère alors qu'une nouvelle pythonisse a pris sa place. On devine qu'il n'ouvrira plus la bouche. Ainsi se clôt, semble-t-il, le cycle de la prophétie.

Dont acte !

Les éléments concrets, on le voit, sont rares dans cette *Vita Merlini.* Sur fond de Grande-Bretagne livrée aux invasions anglo-saxonnes et aux guerres intestines, Geoffroi de Monmouth projette une histoire qui tient plus de la fantasmagorie que du récit historique.

Frustrante, cette histoire de Merlin ?

Le résultat, il est vrai, est plutôt maigre. Voilà pourquoi au siècle suivant, un autre auteur – plus imaginatif – Robert de Boron, va encore magnifier le personnage de Merlin, déjà devenu un véritable mythe.

L'ENFANT DU DÉMON ENTRE DANS LA LÉGENDE

Lorsqu'on tient un personnage de la qualité de Merlin, il est tentant en effet d'en rajouter et d'inventer pour le lecteur des détails croustillants qui donnent corps à ce qui n'était jusque-là qu'une silhouette imprécise.

Dans un roman daté du début du XIIIe siècle, un certain Robert de Boron, sans doute un chevalier ayant voyagé en Angleterre, en rajoute évidemment beaucoup. Mais après tout, pourquoi pas ? L'histoire et la légende, on l'a dit, se retrouvent inextricablement mêlées dans une bonne part de la littérature médiévale. Alors, pourquoi bouder notre plaisir ?

Robert de Boron (Boron, aujourd'hui situé dans le Territoire de Belfort), persuadé d'avoir découvert un filon, plonge d'emblée dans la mine, bien décidé à en ramener la vraie figure de Merlin. Et pour ce faire, il reprend l'histoire à son commencement[1] !

---

1. Nous ne possédons que des fragments de l'œuvre de Robert de Boron, dont le texte sur Merlin sera adapté et enrichi par un « continuateur ».

Car, Geoffroi de Monmouth ne dit quasiment rien du Merlin d'avant Merlin. Certes, dans son *Histoire des rois de Bretagne*, il évoque un « enfant sans père », né d'une princesse celte et d'un démon, mais là s'arrêtent ses « investigations ». On le voit, les renseignements sont flous. Heureusement, avec Robert de Boron, les choses vont se préciser. Dans son roman connu sous le nom de *Merlin ou le roman du Graal*, nous découvrons une jeune fille pure et innocente qui reçoit la visite nocturne d'un démon.

Gardons-nous d'en rire ! Et d'oublier que la croyance aux démons succubes et incubes[1] pouvant s'unir à des humains est largement répandue à cette époque. La naissance de Merlin, pour magique et incongrue qu'elle nous paraisse, ne l'est donc pas pour les contemporains de Robert de Boron.

Donc, une jeune fille vierge, issue d'une riche famille, est violée par un diable. Lequel la féconde pendant son sommeil malgré tous les conseils de prudence que lui avait prodigués son confesseur Blaise, notamment celui de ne jamais se mettre en colère, car c'est par la colère de l'homme ou de la femme que le diable « s'insinue de préférence en eux ».

Epouvantée à son réveil de ce qui a pu se passer pendant la nuit, elle se rend aussitôt auprès de son confesseur pour lui confier son tourment :

— J'étais si en colère que j'ai oublié de me signer comme j'ai

1. Un succube, du latin *succuba* (« qui couche sous »), est un démon qui prend la forme d'une femme pour séduire un homme durant son sommeil et ses rêves, l'incube en étant la version masculine.

oublié vos recommandations. Je me suis donc couchée tout habillée et me suis endormie dans cet état de fureur. Et voici qu'à mon réveil je me suis rendu compte que j'avais été déshonorée, que je n'étais plus vierge. J'ai fouillé ma chambre, je me suis assurée que la porte était toujours fermée, mais je n'ai trouvé personne ni pu savoir qui m'avait fait cela. Seigneur, tout s'est passé comme je viens de vous le dire : j'ai été trompée par le diable, je vous supplie donc, au nom de Dieu, de m'aider à sauver mon âme même si mon corps doit être livré au supplice.

Dans un premier temps, le confesseur se montre pour le moins surpris de son récit. Celui-ci, sachant la pureté de la jeune fille, lui demande malgré tout de s'en remettre à Dieu et d'observer désormais une lourde pénitence.

— Tu vas renoncer à tout péché de chair, conclut-il. Je t'interdis désormais d'y succomber jusqu'à la fin de tes jours, sauf en rêve, car l'homme ne peut rien contre les rêves.

Voyant qu'il ne pourrait plus rien contre elle, le diable éprouve un vif dépit et les choses vont suivre leur cours.

Enceinte, ce qui au Moyen Age est impensable pour une femme non mariée, elle est considérée par tous désormais comme une pécheresse. Seul son confesseur lui vient en aide et l'exhorte à lui faire confiance :

— Ne crains rien, lui dit-il. Quand cet enfant que tu portes naîtra, je saurais bien si tu m'as dit la vérité. Si tout s'est passé comme tu le dis, j'ai confiance en Dieu ! Il te sauvera de la mort. Sans doute vivras-tu des moments pénibles car, quand les juges l'apprendront, ils saisiront tes biens et parleront de te condamner, mais lorsqu'ils se seront saisis de toi, fais-le-moi savoir ; si je le peux, je viendrai à ton secours.

Appelée devant les juges, la jeune fille prévient donc aussitôt le confesseur qui, accourant, les supplie de lui laisser la vie sauve tant que l'enfant n'est pas venu au monde. Les juges ayant accepté, « ils mirent donc la jeune femme dans une maison tout en pierres dont ils firent clore toutes les issues et ils enfermèrent avec elle les deux plus vertueuses femmes qu'ils purent trouver. Ils laissèrent ouverte une fenêtre haute pour leur faire parvenir ce dont elles auraient besoin. »

Heureusement, le prêtre a eu le temps de lui glisser un dernier conseil :

— Quand ton enfant sera né, fais-le baptiser au plus tôt et quand on viendra te sortir d'ici pour te brûler, envoie-moi chercher.

Sur quoi, paraît l'enfant Merlin. « Les juges s'étaient procuré tout ce qui était nécessaire et l'avaient remis aux femmes qui étaient enfermées avec elle, poursuit le romancier Robert de Boron. Elles restèrent donc dans la tour jusqu'au moment où l'enfant naquit selon la volonté divine. Dès sa naissance, il reçut en partage l'intelligence et le pouvoir du diable. Et à juste titre puisque c'était le diable qui l'avait engendré. Mais le diable avait agi bien inconsidérément : Notre Seigneur, par sa mort, avait en effet racheté et pardonné les péchés de tous ceux qui se repentent sincèrement. Or le diable avait séduit la jeune femme par la ruse mais, dès qu'elle s'en était aperçue, elle avait imploré la pitié de qui il fallait, elle s'en était remise aux commandements de Dieu et de notre sainte Eglise et s'était conformée à ce que lui ordonnait son confesseur. »

Dieu paraît en effet d'une habileté... diabolique dans cette affaire. Le rachat des fautes de l'humanité par son fils, la puissance du baptême, la pureté de la mère, sa confession, son repentir sincère, la mettent tout à coup hors d'atteinte du démon ou presque. « Il ne voulut donc pas que le péché qu'elle avait commis nuise à son fils et Il donna à l'enfant le pouvoir de connaître l'avenir. Ainsi donc, cet enfant eut, de par le diable, la connaissance du passé, mais ce pouvoir qu'il eut de surcroît de connaître l'avenir, il le reçut de Notre Seigneur qui voulut ainsi contrebalancer le pouvoir du diable. A lui maintenant de se décider : il peut, s'il le veut, choisir le parti du diable comme celui de Notre Seigneur. Si le diable en effet a formé son corps, c'est Notre Seigneur qui insuffle en chaque être, selon ce qu'il a décidé, de lui prêter d'intelligence et de mémoire, la faculté d'entendre, de voir, et de comprendre. A cet être enfin, il a donné plus qu'aux autres car il en avait un plus pressant besoin et l'avenir dira quel parti il choisira. »

L'enfant Merlin est donc un être double : à la fois satanique et élu par le Dieu des chrétiens. Robert de Boron laisse même entendre que, bien qu'il puisse faire un mauvais usage de ses facultés, il hérite de plus de pouvoirs qu'un autre. Curieuse ambiguïté !

L'enfant, malgré tout, effraye les bonnes femmes. Il est né laid et velu, effrayant au point que même sa mère en éprouve un terrible malaise en le prenant dans ses bras. Aussitôt, elle demande donc qu'il soit baptisé. Sous quel nom ? Celui de son propre père, Merlin !...

Elle l'allaitera malgré tout pendant neuf mois, mais à l'âge de dix-huit mois, la diablerie reparaît : Merlin se met à parler. D'abord à sa mère, puis aux femmes qui avaient présidé à sa naissance, et même aux juges ! Ne veulent-ils pas toujours brûler vive sa mère ?

La connaissance du passé que possède Merlin lui permet alors de la délivrer et se lier d'amitié avec son confesseur, Blaise, un « clerc plein de sagesse et de discernement ».

A ce stade du récit, Merlin semble n'avoir pas plus de deux ans et demi ! Là encore, faisant fi de tout souci chronologique, les récits médiévaux ne fournissent aucun renseignement précis. Merlin, « l'enfant sans père », est ainsi sans âge précis.

Lorsque, dans *Kaamelott*, Guenièvre et Lancelot viennent à son « laboratoire » interroger Merlin sur sa date anniversaire, Merlin se montre d'ailleurs embarrassé. Il refuse même de donner cette date, arguant qu'il n'est plus un jouvenceau. Puis, sur l'insistance de Guenièvre, il avoue, honteux :

Merlin : *Je vais sur mes 884 ans quand même...*

Lancelot (ébahi) : *Combien ?*

Merlin : *884, dans trois semaines...*

Guenièvre (sidérée) : *Mais... comment est-ce possible ?*

Merlin : *Ben, je suis mi-démon, et les démons c'est pas f... pareil. D'ailleurs, dans le calendrier démonique, j'ai sept ans*[1].

On notera au passage que le « grand âge » de Merlin l'apparente aux prophètes bibliques dont la durée de vie – symbolique – s'étend souvent sur plusieurs siècles.

Cet âge « tendre » ou canonique, selon le calendrier pris en compte, ne l'empêche nullement de continuer à prophétiser et même d'entamer une carrière de conseiller auprès d'un certain Constant,

1. *Kaamelott*, livre II, tome 1, épisode 35.

roi chrétien régnant alors en Angleterre s'il faut en croire Robert de Boron.

CONSEILLER DES PRINCES

A la mort du roi Constant, son fils aîné, Moine – ainsi nommé parce qu'il était moine – hérite du pouvoir. Mais, incompétent, il est rapidement assassiné par ses vassaux. Ceux-ci le remplacent aussitôt par son sénéchal, un homme « plein de sagesse, fort habile et chevalier de valeur » nommé Vertigier, ou plutôt Vortigern, ce chef de guerre évoqué par Nennius dans son récit de la lutte entre les Celtes et les Saxons.

Tandis que les deux autres fils du roi Constant – Uter et Pendragon – doivent s'exiler en Petite-Bretagne pour ne pas subir le sort de Moine, Vertigier gouverne. Mais devenu tyran à son tour, impopulaire pour avoir contracté un mariage malheureux avec une princesse saxonne, il finit par s'attirer l'hostilité de son entourage. Craignant pour sa vie, il décide alors de se faire construire une tour « si élevée et si solide qu'elle serait imprenable ». Hélas, chaque fois que la tour atteint trois ou quatre toises, elle s'écroule. Interrogés sur ce mystère inexplicable, les maçons suggèrent, pour conjurer le mauvais sort, de se livrer à un sacrifice humain au pied de la tour. Pour cela, il suffira d'y répandre le sang de « l'enfant sans père », c'est-à-dire de Merlin.

Merlin, consulté par Vertigier et sachant la menace qui pèse sur lui, accepte pourtant de se rendre auprès du tyran et lui explique la raison pour laquelle sa tour s'écroule régulièrement. Deux dragons aveugles, l'un blanc et l'autre roux, dorment en effet sous la roche sur laquelle est bâtie la tour. Les travaux de maçonnerie les empêchent de reposer en paix, aussi se secouent-ils régulièrement au point d'ébranler les eaux et la terre et de faire tomber les pierres de l'édifice.

Désireux de remédier à cet inconvénient, et malgré les prédictions de Merlin, Vertigier fait creuser la terre à la base de sa tour et libère les deux dragons qui s'engagent aussitôt dans un combat à mort. Le blanc, en dépit des apparences, triomphe du roux. Vertigier réclame alors de Merlin d'autres explications. Que celui-ci finit par lui donner : le dragon blanc incarne les fils de Constant, Uter et Pendragon, qui sont seuls détenteurs du pouvoir légitime, tandis que le dragon roux le symbolise lui, en tant qu'usurpateur. C'est pourquoi les fils de Constant vont revenir par mer avec une armée pour le détrôner et le mettre à mort comme le dragon roux a été terrassé par le dragon blanc.

Merlin, redoutant la colère de Vertigier, disparaît peu après pour se soustraire à une éventuelle vengeance et rentre dans le Northumberland. Et tout, naturellement, se déroule comme il l'a annoncé.

Trois mois plus tard, les fils du roi Constant arrivent en vue du port de Winchester. Vertigier, pour résister à leur assaut, a même fait appel à son ennemi d'hier, le Saxon Hangus. Mais les troupes d'Uter et Pendragon sont si nombreuses que les défections se multiplient dans le camp de Vertigier. Pris de panique, celui-ci se réfugie alors dans sa forteresse.

« ...Les nefs mouillèrent, nous dit Robert de Boron. Les chevaliers sortirent tout armés avec le reste de leurs troupes et se dirigèrent aussitôt vers la tour fortifiée. La plupart des gens du pays rallièrent les fils de Constant et les reconnurent comme leurs seigneurs. Ceux qui étaient pour Vertigier s'enfermèrent dans la tour et se défendirent de leur mieux. Mais les assaillants leur livrèrent de violents assauts. Finalement, Pendragon mit le feu à la tour. L'incendie surprit les assiégés, beaucoup furent brûlés, et Vertigier lui-même périt dans les flammes. »

Cette victoire ne met pas fin à la guerre. Uter et Pendragon doivent bientôt affronter une invasion saxonne. Merlin, lui, revient du Northumberland pour conseiller les jeunes princes. Pendragon devient alors roi de Bretagne par l'entremise de Merlin. Mais, tué quelque temps plus tard au combat contre les Saxons, il est remplacé sur le trône par Uter, désormais nommé Uterpendragon.

Merlin dispose à présent du « roi selon son cœur ». Pourtant, s'il préside à la naissance de la Table ronde où se rassemblera l'élite de la chevalerie – à l'image de la table de la Cène où avaient pris place le Christ et ses apôtres –, Merlin s'efface rapidement et s'absente de la cour. Il s'en retourne à sa solitude et à son rôle de prophète marginal, voire maudit.

Uterpendragon n'est d'ailleurs pas mécontent de le voir partir. Jeune et léger, il a également envie de distractions, de fêtes, de conquêtes amoureuses, et pas seulement de conseils avisés.

C'est d'ailleurs lors d'une de ces fêtes données en son château de Cardueil – capitale du royaume de « Galles » – qu'Uterpendragon fait la rencontre d'Ygerne, la femme du duc de Cornouailles Gorlois, et en tombe éperdument amoureux.

Le retour de Merlin à la cour d'Uterpendragon à l'occasion de la conception d'Arthur établit ainsi un lien entre notre druide et la destinée légendaire d'Arthur.

La naissance d'Arthur – Merlin donnant, par magie, à Uterpendragon l'apparence de Gorlois – ressemble d'ailleurs curieusement à celle, diabolique, de Merlin lui-même.

Chez Robert de Boron comme chez Geoffroi de Monmouth, la naissance d'Arthur rattache donc Merlin à la saga arthurienne, puis au Cycle du Graal. Ou est-ce l'inverse ? Les deux assurément, car tout désormais semble inextricablement lié, fusionné en quelque sorte.

Merlin est à l'origine de la naissance adultérine d'Arthur. Merlin, par l'épreuve de l'épée fichée dans un bloc de pierre – Excalibur ! – fait reconnaître Arthur comme roi de Bretagne. Merlin devient son conseiller spirituel et son guide. Merlin est l'inspirateur, le démiurge d'un monde arthurien qu'il bâtit tout autant qu'Arthur lui-même. Merlin, enfin, tombé amoureux de la fée Viviane, retourne à la fin de sa vie à sa vocation première. Druide, chamane, prophète, intermédiaire entre le ciel et la terre, *deus ex machina*, il est probablement l'un des personnages les plus riches de la saga arthurienne.

De simple roi de Basse-Ecosse dont on connaît seulement quelques traits à peine esquissés, Merlin conquiert ainsi, au fil du temps, une place de plus en plus considérable sans jamais cesser d'être ambiguë.

Cette ambiguïté n'est d'ailleurs pas sans illustrer la fracture entre l'ancienne religion celte et le christianisme. Du démon, Merlin tient ses pouvoirs, de sa mère – bonne chrétienne – sa sagesse. Défenseur des chrétiens dans toute l'île de Bretagne, alors païenne, Merlin est le fondateur de la chevalerie de la Table ronde, l'instigateur de la quête du Graal, mais se livre à des exploits qui relèvent d'une magie condamnée par le christianisme.

Le personnage est donc une synthèse d'éléments disparates.

Alors, double nature de Merlin ?

En réalité, deux images de Merlin apparaissent dans les textes qui finissent par se rejoindre et se confondre. D'une part, un Merlin prophète et un peu fou, vivant comme un animal au cœur de la forêt où il dispose d'un observatoire astrologique. Un Merlin magicien qui finit par retrouver la raison grâce à l'eau d'une source miraculeuse et termine ses jours auprès du sage Thelgesinus. D'autre part, un Merlin plus « sociable », père spirituel et conseiller avisé d'Arthur dont il a favorisé par magie la naissance. A partir du XIIe siècle, un glissement s'opère ainsi entre le Merlin celtique et le Merlin christianisé. Personnage éminemment symbolique, archétype du druide, Merlin, « le grand enchanteur de Bretagne », se mue en héraut chrétien, incarnation du nouveau pouvoir spirituel en place. Et le culte ne se rend plus sous les chênes des forêts galloises, mais désormais dans les églises dont le « blanc manteau » a recouvert l'Europe.

LE RIRE DE MERLIN

Le Merlin farfelu de *Kaamelott*, cacherait-il donc un double jeu diabolique derrière une feinte naïveté, des apparences trompeuses, une maladresse maladive et quelques tours pendables ?

Ainsi, chaque fois qu'il procède à un rite ou à une opération d'ordre magique, Merlin éclate de rire. Mais ce rire est en réalité rituel. Merlin, tourné si affectueusement en dérision par *Kaamelott*, sait le dérisoire de la vie ou plutôt son côté comique autant que tragique. De même que les bouffons qui amuseront les badauds au Moyen Age, et plus tard ceux que l'on retrouvera dans l'entourage des rois de France, Merlin sait la vérité, et ne se prive pas de la dire, même s'il l'exprime parfois à sa manière, c'est-à-dire sur le mode du rire et la dérision.

Qu'on ne s'y trompe pas cependant, le rire de Merlin est aussi celui du « très savant », druide qui, en possession du pouvoir spirituel, sait parfaitement les tenants et les aboutissants de ses actions. Loin d'être un pitoyable druide ou seulement un druide pitoyable, le Merlin gaffeur de *Kaamelott* n'est donc pas si éloigné, en esprit, de son modèle initial. Si le rire est le propre de l'homme, il est surtout celui du druide qui connaît l'envers du décor et la magie profonde de l'existence.

ARTHUR, *DUX BELLORUM*

La vérité oblige à le dire : nous savons fort peu de chose sur le véritable Arthur de Bretagne. Si nous exceptons les romans médiévaux – ceux du Cycle du Graal en particulier – qui touchent à la légende arthurienne, nous ne possédons que des bribes d'informations et des traces parfois suspectes. Au-delà, nous avançons dans un brouillard que les siècles ont soigneusement maintenu autour du personnage incarné dans *Kaamelott* par Alexandre Astier.

Pour en savoir davantage, les historiens en sont bien sûr revenus à Geoffroi de Monmouth, mais aussi à l'*Histoire des Bretons* de Nennius (IXe siècle) ainsi qu'aux textes antérieurs de Bède le Vénérable (VIIIe siècle) ou de saint Gildas, peut-être un contemporain d'Arthur. Il a fallu surtout procéder par recoupements, consulter la toponymie, vérifier les traces archéologiques. Bref ! Essayer de découvrir, à travers une foule d'indices concordants et très souvent discordants, l'esquisse d'une destinée arthurienne proprement dite.

Une question nous y invite d'ailleurs, lancinante : si Arthur – dont nous croyons pouvoir affirmer qu'il a bien existé historiquement – n'a été qu'un petit chef de guerre du VIe siècle, s'il n'a pas laissé davantage de traces dans l'Histoire, pourquoi dès lors lui attribuer autant d'importance ? Pourquoi en faire un personnage de légende dont la mémoire a franchi les siècles et fascine tant les Européens aujourd'hui ?

La disproportion entre le manque de renseignements le concernant et l'ampleur du phénomène arthurien dès la fin du XIIe siècle n'est pas le moindre de ses mystères.

ARTHUR, L'OURS BARBARE

Tout commence donc à l'époque que l'on a coutume d'appeler les « Ages sombres de l'île de Bretagne ». Nous sommes au VIe siècle. Ce qui subsiste de l'Empire romain d'Occident disparaît peu à peu. Les légions romaines ont été rappelées de Grande-Bretagne, et celle-ci – peu romanisée en profondeur – est livrée à elle-même, aux ambitions de petits chefs de tribus et aux « rois » celtes, mais aussi aux Pictes, aux Scots et aux envahisseurs anglo-saxons. L'île retourne au chaos, ou plutôt à l'état de relative division qui était le sien avant la période romaine. Les villes se vident et les populations se replient sur l'espace rural. L'insécurité règne, et les guerres reprennent. Les infrastructures construites par Rome – routes, ponts, ports – sont abandonnées sans surveillance.

Or, parmi les noms de ces chefs de guerre qui se disputent le pays, un nom va soudain émerger : celui d'Arthur – ce fameux *dux bellorum* !

Un mot à ce sujet. Bien qu'on lui ait cherché une origine romaine – dérivée d'Artorius, une *gens artoria*[1] ayant existé à Rome –, il semble bien qu'une origine celte soit tout aussi plausible. Dans ce cas, le nom d'Arthur pourrait provenir de la racine *Arth* (ou *Artu*) signifiant ours. Or l'ours chez les Celtes était un symbole du pouvoir temporel et guerrier pouvant convenir parfaitement à l'autorité incarnée par Arthur.

---

1. *Gens*, en latin, désigne un groupe de familles ayant un ancêtre commun et portant le même nom.

Chose étonnante, il semble que ce soit à partir de la mort d'Arthur (vers 537 ?) que son nom – quasiment inconnu jusqu'alors – ait été attribué à des fils de princes ou de nobles, preuve qu'il était tenu en très haute estime.

Quelles pouvaient donc être ses origines ? Ses deux parents seraient de naissance noble. Mais, à la génération précédente, au-delà d'Uterpendragon (« Tête de dragon ») et d'Ygerne, Monmouth évoque également un certain Constantin – le roi Constant évoqué plus tard dans le roman de Robert de Boron ? Un Romain donc, ou un Celte romanisé ?

C'est l'époque où Vortigern n'est plus le grand fédérateur des tribus celtes contre l'envahisseur saxon, irlandais ou picte. Aurelius Ambrosius – second fils de Constantin – que les textes qualifient de « dernier des Romains » sans que l'on sache très bien quelle signification donner à ce titre – lui a succédé dans la lutte féroce engagée contre les Saxons.

De 460 à 480 environ, l'Angleterre connaît ainsi un bref répit. Aurelius contient les envahisseurs. Il met surtout fin à une hérésie qui menaçait une Eglise encore fragile : le pélagianisme. Un moine irlandais installé à Rome, nommé Pélage, ne prônait-il pas alors – à l'inverse de saint Augustin – un libre arbitre si extrême qu'il en venait à nier l'intervention de la grâce divine et la puissance du péché originel ? Ses thèses, répandues en Europe et en Afrique du Nord, avaient été condamnées par plusieurs conciles, mais jamais directement par le pape et Aurelius avait l'intention d'y mettre bon ordre en éradiquant ce qui passait aux yeux de certains pour une hérésie. Dans une Bretagne christianisée mais non encore évangélisée, le pélagianisme pouvait en effet apparaître comme un ferment supplémentaire de division.

C'est dans ce contexte pour le moins tourmenté qu'Arthur serait né vers 475, en Cornouailles. Si ses origines familiales demeurent floues, Arthur apparaît au gré des textes doté d'une sœur, Anne – mariée au roi Loth de Lothian – et qui donnera naissance à plusieurs enfants parmi lesquels le fameux Gauvain, neveu d'Arthur. On lui prête également une demi-sœur qui, elle, sera la mère de Perceval.

Son père, Uterpendragon, s'il faut en croire Monmouth, règne alors à la suite d'Aurelius Ambrosius. C'est un temps de prospérité et de paix civile relative. Les fêtes du couronnement d'Uterpendragon rassemblent même « tous les princes du royaume » à qui il a su faire sentir le poids de son autorité.

Hélas, ce temps-là ne dure pas non plus. Bientôt, Uterpendragon doit lutter à nouveau contre les Saxons et leurs chefs, Octa et Eosa. Malade, vieillissant, Uterpendragon triomphe malgré tout de ses ennemis, mais meurt quelque temps plus tard, empoisonné par des émissaires saxons déguisés en mendiants.

Arthur poursuivra son œuvre.

Dès l'enfance, celui-ci nous est présenté comme d'un tempérament batailleur et même d'une violence qui, d'emblée, le destine au métier des armes. Son éducation sera donc celle d'un officier romain autant que d'un combattant celte.

Hélas, il est encore dans l'enfance lorsque son père, Uterpendragon, meurt tragiquement. Une disparition qui ne va lui laisser d'autre choix que de mûrir très vite. Durant sa minorité, le roi Loth de Lothian – son beau-frère – aurait ainsi exercé en son nom une régence, mais tout en veillant paternellement sur lui.

C'est peu après, parvenu à l'âge de quinze ans que Monmouth place l'épisode de l'accession au pouvoir d'Arthur. « Après la mort d'Uterpendragon, nous dit notre clerc gallois, les nobles du royaume, assemblés à Silchester, élisent Arthur roi à l'instigation de Dubrice, archevêque de la ville des Légions, qui, en présence des autres évêques, lui place la couronne sur la tête. Arthur était alors un jeune homme de quinze ans, d'une vaillance et d'une libéralité inouïes, et qui attirait tous les cœurs. Le nouveau prince prodigue les présents, à en épuiser toutes ses ressources ; mais quand la générosité s'allie à la bravoure, la gêne n'a qu'un temps. »

Monmouth affirme encore qu'Arthur se lance d'emblée dans des opérations militaires contre les Saxons, « accrus de renforts venus de Germanie », et qui se trouvent sous le commandement d'un certain Colgrim. « Arthur, écrit-il, par besoin de refaire sa fortune et par désir de reconstituer un empire qui lui appartenait de droit héréditaire » marche alors contre eux.

Le récit de Monmouth se perd ensuite dans des descriptions de batailles où Arthur tient de toute évidence le premier rôle, et bascule dans l'hagiographie.

Ce qui paraît plus plausible est que, entre l'âge de quinze et vingt ans, Arthur quitte mère et « tuteur » pour voler de ses propres ailes. Il aspire à l'indépendance. A la tête d'une troupe de cavaliers – ancêtres des chevaliers arthuriens – il écume l'Angleterre, se déplaçant au gré des combats et des pillages. Car, s'il faut maintenir l'ordre dans une Bretagne à la dérive et menacée de toutes parts, rien n'empêche, selon les « lois » de la guerre, de se servir et de vivre sur le pays.

Il faut imaginer Arthur chevauchant à travers l'île et se déplaçant d'autant plus rapidement d'un point à l'autre que subsiste malgré tout l'infrastructure routière mise en place par Rome. L'accompagnent des guerriers farouches que rien, sans doute, n'effraie ni ne rebute. En somme, une horde en travers de laquelle mieux vaut ne pas se retrouver.

LA LOI DES ANCÊTRES

Les liens qui unissent les Celtes sont essentiellement des relations d'homme à homme. Autour d'un *dux bellorum* reconnu pour son courage, son ardeur au combat et sa capacité à remporter des victoires, se groupent des guerriers qui ne lui reconnaissent d'autorité que par la coutume ancestrale. Il s'agit davantage de clientélisme que de féodalisme. Les « chevaliers » d'Arthur sont des hommes libres. Ils ne combattent à ses côtés que parce qu'ils défendent leur propre liberté contre les envahisseurs et parce qu'ils espèrent recueillir les fruits de leur fidélité au chef de guerre en butins et avantages divers. Ils ne ressemblent en rien aux Lancelot et Perceval de Chrétien de Troyes. Ceux-ci, lancés dans une noble quête, défenseurs de la veuve et de l'orphelin, aspirent à un idéal qui est celui des romans de chevalerie du XIIIe siècle, et non celui de guerriers volontiers pragmatiques et cruels du VIe.

On est donc loin ici du « roi policé » que nous décrivent les auteurs médiévaux. Arthur est un Barbare en des temps barbares.

Chef de guerre et chrétien, il a, certes, adhéré à la foi nouvelle qu'a contribué à propager en Angleterre saint Germain d'Auxerre quelques décennies plus tôt. Mais, en dépit de son éducation romaine, il est également l'héritier d'un celtisme « pur et dur ». D'ailleurs, la sensation d'appartenance à une sorte de « Nation celte » ne repose pas sur une base théorique ou scripturaire, mais sur un sentiment inné profondément enraciné dans l'âme bretonne.

Loin aussi du roi « statique » siégeant autour de la Table ronde à *Kaamelott*, il faut donc avoir plutôt à l'esprit un chef de guerre toujours en mouvement. Face aux Saxons, habitués à combattre à pied, les cavaliers d'Arthur se déplacent rapidement, changent de tactique au gré des circonstances, menant une guerre d'embuscades et intervenant aussi bien en Ecosse qu'au sud de l'Angleterre pour semer la terreur dans les rangs ennemis.

Très vite, une réputation le précède qui ne va cesser de grandir. Arthur n'est plus seulement un chef de bande, mais il se trouve à la tête d'une armée cohérente et susceptible non seulement d'assurer l'ordre dans les régions bretonnes qui résistent à l'envahisseur, mais de reprendre derrière un Aurelius vieillissant le flambeau de la lutte antisaxonne.

Champion de la foi chrétienne face à un ennemi païen, il apparaît ainsi comme le seul à pouvoir défendre à la fois l'indépendance des Celtes et la nouvelle religion du Dieu unique.

Si Arthur fait figure de « conducteur d'armées », il n'est cependant encore que cela, un *dux bellorum*. Il n'est pas roi, ni n'entend se substituer aux chefs de tribus en place. Il n'est pas non plus un simple mercenaire. Son armée est certes professionnelle, mais comporte des hommes qui le servent déjà avec dévouement. Comme l'écrit Nennius : « En ce temps-là, les Saxons envahissaient en foule la Bretagne et s'y multipliaient [...] Arthur combattit les Saxons en compagnie des rois des Bretons, mais lui-même était leur chef dans les batailles. »

Si la première campagne d'Arthur a bien eu lieu au tout début du VIe siècle – il aurait empêché les Saxons d'atteindre à la côte occidentale de l'Angleterre et de couper l'île en deux – c'est pourtant à un très jeune chef de guerre que nous avons affaire. Sans doute n'a-t-il pas plus de vingt-cinq ans. S'il faut en croire Geoffroi de Monmouth, commence alors une carrière militaire fulgurante. Téméraire, Arthur engage des actions militaires contre les Saxons du Sud-Est et remporte sur eux plusieurs batailles.

Pourtant, c'est d'ailleurs que vient la menace. Un chef breton du Nord, nommé Hueil, se montre un rival turbulent et s'est révolté contre Arthur. Il lui faut réagir sans attendre. Arthur s'emploie donc à le réduire au silence par les armes, ainsi que quelques autres chefs bretons ralliés à Hueil. Il l'écrase lors d'une bataille en forêt de Kelidon, dans la région de Glasgow.

Ces victoires font de lui un « maître de guerre » de plus en plus incontesté. A la bataille de Fort Guinnion – près de Binchester, au sud du mur d'Hadrien – il bat de nouveau les Saxons en brandissant bien haut un étendard portant l'emblème de la Vierge Marie.

En réalité, Arthur se bat sans cesse sur deux fronts : contre ses ennemis jurés, les Saxons, et contre des chefs bretons rebelles à son autorité. L'ennemi est à la fois extérieur et intérieur, et il semble bien avoir été contraint de lutter pied à pied pour pouvoir maintenir son autorité plutôt que par véritable goût des combats.

En 516, les Saxons lancent d'ailleurs une offensive générale. Rassemblant leurs forces venues du Kent et du Sussex, aidés par des renforts du continent, ils s'ébranlent vers l'ouest, bien décidés à parvenir jusqu'au sud du pays de Galles.

Et c'est la victoire du mont Badon ! Cette bataille dont l'auteur anonyme des *Annales Cambriae* (xe siècle) nous dit « qu'Arthur y a porté sur son épaule la croix de Notre Seigneur Jésus-Christ pendant trois jours et trois nuits, et où les Bretons furent victorieux ». Monmouth, lui, va plus loin, et décrit un Arthur chrétien soutenu par la force de sa foi dans le Dieu unique. « Arthur, nous dit-il, vêtu de la cuirasse qui convenait à un si grand roi, se coiffe d'un casque avec dragon, accroche à son épaule son bouclier Pridwen, où était représentée l'image de sainte Marie mère de Dieu, afin qu'il en eût le souvenir mieux présent à la mémoire, se ceint de son épée Caliburn, qui avait été fabriquée dans l'île d'Avalon, et prend dans son poing droit sa lance Ron, lance longue et large », et marche à l'ennemi. L'ayant repoussé sur une hauteur voisine du champ de bataille, il donne l'assaut dès le lendemain, et tue de sa propre main 470 (!) ennemis. Un carnage !

La victoire du mont Badon – que l'on situe généralement à Paydon Hill, à la limite occidentale du Wessex – marque l'apogée guerrière et politique d'Arthur. Une paix est conclue avec les Saxons qui ont essuyé de terribles pertes et, vaincus, vont demeurer à peu près tranquilles pendant vingt ans.

Arthur est-il alors maître de la Bretagne ? Difficile de le croire. Il est notoire, par exemple, comme le souligne Edmond Faral que « les Ecossais n'avaient pas été rayés de l'histoire par Arthur et la preuve en était que les rois anglo-normands étaient encore obligés au XIIe siècle, de compter avec eux ». S'est-il cependant montré magnanime dans la victoire ?

Quoi qu'il en soit, la stature du personnage d'Arthur en sort grandi d'une coudée. Ce n'est plus à un simple *dux bellorum* que nous avons affaire, mais à un chef politique de premier plan se comportant en véritable rassembleur. Arthur incarne désormais à lui seul la résistance celte face à l'envahisseur anglo-saxon. Conquérant et organisateur, il remet de l'ordre dans les régions de Bretagne désolées par la guerre, et s'emploie à relever chapelles et monastères.

Dans un épisode de *Kaamelott* intitulé « L'ancien temps[1] », la mère d'Arthur, Ygerne, se fait l'écho de ce succès :

Ygerne : *Je sais que les anciens vous critiquent parce que vous fédérez des peuples qui étaient ennemis depuis cinq cents ans. Seulement, au bout d'un moment, qui c'est qui est arrivé à mettre fin à la guerre dans ce pays de débiles, c'est vous !*

Ygerne se permet même d'établir une comparaison avec l'époque plus brutale, plus expéditive, plus anarchique, d'Uterpendragon.

Ygerne : *Parce qu'on dit Pendragon, mais Pendragon c'était pas une partie de rigolade tous les jours, j'aime autant vous le dire. « Avec moi, ça passe ou ça casse, un bon ennemi est un ennemi mort, un homme me tourne le dos une fois, pas deux ! » Il avait que des phrases toutes faites !*

---

1. *Kaamelott*, livre II, tome 1, épisode 27.

Le règne d'Arthur a-t-il pu représenter un « degré supérieur » de civilisation par rapport à ses prédécesseurs ?

On aimerait le croire.

Faut-il dès lors placer à cette époque « bénie » le couronnement d'Arthur lors d'une cérémonie prestigieuse à Caerléon, en Galles du Sud ? Geoffroi de Monmouth évoque dans ce cas un second couronnement. Mais rien n'est vraiment très clair sur ce point, et le récit qu'il en fait paraît correspondre davantage à une fête médiévale sortie de son imagination.

La reconnaissance officielle d'Arthur comme roi n'a pu cependant que contribuer à l'affirmation de sa puissance et plus tard à la pérennité de son nom dans les mémoires.

A-t-il rêvé alors, comme tant d'autres avant lui, de ressusciter à son profit la vieille idée impériale toujours vivante à Byzance ? Peut-être bien. Mais aucun chef barbare ne s'était jamais senti « pousser des ailes » au point de vouloir concurrencer l'empereur d'Orient, et Arthur ne dérogera pas à la règle.

Ici, intervient en tout cas un personnage que Monmouth appelle Guenevere, une jeune fille d'origine romaine élevée à la cour du duc de Cador en Cornouailles, et qu'Arthur aurait épousé à York. Autrement dit, la reine Guenièvre. A cette époque, est évoqué un chef rebelle du nom de Medrawt – ou Mordret – qui voudra s'emparer du pouvoir en l'absence d'Arthur.

Car Arthur, longtemps après la victoire du mont Badon, reprend ses chevauchées et s'embarque pour la Gaule où il va combattre pendant plusieurs années.

Et là, tout redevient flou. Arthur est promené par Monmouth

dans divers lieux qui ne semblent se justifier que par une mise en scène opérée par l'auteur de l'*Histoire des rois de Bretagne*, qu'il s'agisse de Paris ou du mont Saint-Michel. Le nombre des corps d'armées en présence, le nombre d'hommes composant chacun de ces corps – 6666 – paraissent des nombres fantaisistes ou purement symboliques.

Après avoir combattu longtemps sur le continent et perdu ses plus fidèles guerriers, le roi se voit cependant dans l'obligation de regagner l'île de Bretagne pour y défendre son royaume contre un nouveau péril. A-t-il laissé en son absence la régence à Guenevere et Mordret ? Mordret – fils incestueux ou neveu d'Arthur, ou encore simple rival – aurait-il pillé la forteresse d'Arthur et violé Guenièvre ? S'agit-il d'un autre personnage, un petit roi du nom de Maelwas qui, par amour, aurait enlevé Guenièvre avant de la retenir prisonnière à Glastonbury Tor, obligeant ainsi Arthur à venir mettre le siège devant Glastonbury ?

Difficile là encore d'établir une historicité certaine, pas plus qu'une chronologie fiable. Les récits concernant la fin de la vie d'Arthur nous parlent de batailles livrées pour vaincre la rébellion de Mordret. Celui-ci, en effet, se posant en rival d'Arthur – au moins sur le terrain militaire et politique – s'est allié avec des Pictes et des Saxons pour s'emparer du pouvoir. Voulant empêcher Arthur de débarquer en Grande-Bretagne, il lui inflige de terribles pertes mais sans parvenir à le rejeter à la mer.

Le combat final se déroulera à Camlan en 537 ou 542. Lors de la bataille, Mordret est tué et Arthur grièvement blessé. De chaque côté, la lutte est sanglante et les pertes énormes. Arthur, nous dit

Monmouth, est ensuite transporté sur l'île d'Avalon pour y soigner ses blessures.

L'épopée arthurienne s'achève, et avec elle une page de l'histoire de l'île de Bretagne est tournée. Arthur mort, la guerre avec les Saxons reprend de plus belle et ceux-ci poussent bientôt leurs incursions vers l'Ouest, obligeant les Bretons à se retrancher dans le pays de Galles et dans une zone située plus au nord, voire à s'exiler en Armorique, sur le continent.

Arthur disparu, « il ne reste qu'une multitude de petits chefs locaux qui avaient pris l'habitude de se laisser conduire et qui étaient incapables de refaire cette unité exceptionnelle qu'avait réussi à imposer Arthur. Peu à peu, les Saxons, profitant des dissensions internes, profitant du manque de cohésion et aussi de la disparition de ces milices guerrières redoutables qui les avaient mis en échec, les Saxons, à leur aise, allaient s'infiltrer à travers toute l'île de Bretagne et réduire la Bretagne elle-même à trois îlots, dans le Nord, au pays de Galles, et en Cornwall[1] ».

MORT, ARTHUR RESSUSCITE !

Ce que l'on croit savoir approximativement de l'Arthur « historique » tient donc dans ces données fragmentaires et volontairement simplifiées, car l'amalgame entre les faits réels et les nombreuses extrapolations des auteurs médiévaux ne facilite guère la tâche des historiens. Ni les événements ni les lieux ne sont par ailleurs aisément identifiables.

---

1. Jean Markale, *Le Roi Arthur et la société celtique*, Payot, rééd. 1985.

Pourtant, avant que la légende ne s'en empare, la destinée de ce *dux bellorum* peut-être devenu roi et « héros national » de la Grande-Bretagne, va connaître un rebondissement inattendu.

Certes, les traditions orales évoquant Arthur ne cessent de se multiplier durant plusieurs siècles. Son nom semble courir comme un fil rouge, encore discret, qui relierait l'époque des « Ages sombres » de l'Angleterre primitive à l'Angleterre, puis à l'Europe médiévale tout entière.

Très tôt, des poèmes ou des récits plus ou moins légendaires ont commencé à circuler sur le compte d'Arthur. Au pays de Galles, notamment, et ce dès le xe siècle, recueillant également des éléments venus d'Irlande. Mais ces récits ont sans doute puisé leurs sources dans des traditions très antérieures. On a peine à croire aujourd'hui, en effet, à quel point les civilisations anciennes ont pu transmettre oralement durant des générations des informations essentielles avec une fiabilité très supérieure à celle que l'on imagine d'ordinaire. On oublie également qu'aujourd'hui encore, ce mode de transmission subsiste – en Inde, en Afrique noire par exemple – et qu'il était largement pratiqué en Occident à l'époque d'Arthur, notamment à l'aide de versifications et autres moyens mnémotechniques.

Reste qu'il nous faut revenir une fois de plus à Geoffroi de Monmouth, notre clerc gallois. C'est lui qui, en fixant par écrit et en latin dans son *Histoire des rois de Bretagne* la destinée d'Arthur, donne le coup d'envoi d'une seconde vie « officielle » de notre *dux bellorum*. Arthur devient, sous sa plume, un héros et le symbole de la résistance celte. Les récits gallois également fixés par écrit aux xiie et xiiie siècles – *Les Triades de l'île de Bretagne* – puis le *Roman de Brut* de Robert

Wace, chanoine de Bayeux et « clerc lisant » en la ville de Caen, et enfin les romans de Chrétien de Troyes au XIIIe siècle, amplifieront le phénomène en lui donnant une dimension européenne.

Monmouth se tient cependant au point de départ de cet essor du mythe arthurien. Mieux, en évoquant le départ d'Arthur pour « l'île d'Avalon » où il doit être soigné après la bataille de Camlan – et non enterré –, Monmouth laisse volontairement planer un doute. D'où la naissance d'une légende : Arthur n'est pas mort et reviendra un jour gouverner son île, et surtout en chasser les usurpateurs qui voudraient s'arroger le pouvoir dont il est le seul légitime détenteur.

Cette croyance – « l'espoir breton » – s'installe peu à peu. Le succès du livre de Monmouth est d'ailleurs considérable pour l'époque. Nous possédons aujourd'hui deux cent quinze manuscrits de l'*Histoire des rois de Bretagne*, dont cinquante pour le seul XIIe siècle. L'adaptation de Wace, comme les traductions en anglo-normand en augmenteront encore la diffusion.

Le personnage d'Arthur connaît alors une popularité sans précédent. On le retrouve sculpté vers 1130 en compagnie de ses guerriers sur une archivolte[1] de la cathédrale de Modène. Puis, chevauchant un bouc sur une mosaïque dans une église d'Otrante.

Au début du XIIIe siècle, le moine cistercien Césaire de Heisterbach se plaint même qu'un abbé de monastère, aux prêches qui endorment les frères lais et encouragent leurs ronflements, préfère le récit des exploits d'Arthur.

La légende d'Arthur est née. Elle va s'étoffer en un temps record.

---

1. Moulure extérieure ornant le cintrage d'un portail.

L'univers arthurien se précise dès le XIIe siècle et englobe peu à peu un certain nombre de personnages : Merlin, Kaï – un frère de lait –, Bédivère – son écuyer –, Guenièvre, Mordret, son neveu Gauvain. Puis, un peu plus tard, avec les chevaliers de la Table ronde et la quête du Graal, des héros éponymes tels que Lancelot, Perceval, Yvain ou Galahad.

Le mythe, ici, rejoint l'histoire, au point de l'absorber.

Pourtant, dans l'Angleterre de ce XIIe siècle finissant, l'Arthur historique auquel Monmouth vient de restituer sa véritable dimension intéresse diablement la nouvelle dynastie au pouvoir : les Plantagenêts.

Ces Plantagenêts qui ont remplacé les héritiers directs de Guillaume le Conquérant et règnent sur l'Angleterre, poursuivent leur propre quête du Graal : celle d'une légitimité. En 1066, en effet, Guillaume de Normandie a conquis le pouvoir sur les Anglo-Saxons à la bataille d'Hastings. Depuis, mal acceptés, ces Anglo-Normands rêvent d'une intégration à l'histoire d'un pays devenu le leur. Or, quel meilleur moyen pour cela que de se rattacher à un ancêtre illustre et incontesté ? Le roi de France lui-même ne se réclame-t-il pas de Charlemagne, enracinant ainsi la dynastie capétienne dans un passé plus lointain et plus glorieux ?

UNE TROUVAILLE DE TAILLE !

Pour les Plantagenêts, la figure d'Arthur constitue donc une opportunité de s'offrir cet « ancêtre » à peu de frais. Encore faut-il trouver un moyen habile de s'y associer. Or, le personnage d'Arthur est autant un atout qu'une menace. Un atout si l'on parvient à s'approprier celui qui est devenu un héros national, un obstacle si on le croit toujours vivant et susceptible de venir chasser les « rois étrangers » qui revendiquent le trône d'Angleterre ou se sont emparés illégitimement de la couronne de Grande-Bretagne.

Pour parvenir à leurs fins, il faut donc aux Plantagenêts le contraire de cet Arthur mythique, immatériel qui, *via* les récits littéraires et les traditions orales, enthousiasme alors l'aristocratie, le clergé et la plupart des milieux socioculturels d'Occident.

Prouver qu'Arthur est bien mort : voilà la clé. Découvrir son tombeau et anéantir l'espoir messianique de son retour impromptu : voilà le fait qui changerait tout aux yeux d'une partie de l'opinion encore hostile à la dynastie au pouvoir.

C'est chose faite vers le milieu des années 1180. Le roi Henri II Plantagenêt, sur la foi du récit d'un barde gallois, a la révélation de l'emplacement de la tombe d'Arthur. Il indique que « selon les traditions entendues d'un chanteur breton d'histoires », on trouvera « le corps enfoui à seize pieds au moins dans un chêne évidé ».

Où cela ? Dans le cimetière de l'abbaye de Glastonbury, dans le Somerset, un comté situé non loin du pays de Galles. Celle-ci n'abrite-t-elle pas un monastère bénédictin situé sur une hauteur cernée par d'anciens marécages et qui pourrait bien autrefois avoir été une île... L'île d'Avalon ?

Il n'en faut pas davantage pour donner foi à la thèse du barde ! « Et ainsi un jour, nous dit le chroniqueur Jean de Glastonbury, [l'abbé] demanda de placer des rideaux autour du lieu où se trouvait la tombe et ordonna qu'on creusât. Juste au moment où ceux qui creusaient commençaient à perdre espoir à cause de la très grande profondeur où on leur demandait de fouir, ils trouvèrent un sarcophage en bois de dimension extraordinaire, fermé de toutes parts [...] ils trouvèrent les ossements royaux qui étaient d'une taille incroyable : car le seul os du tibia arrivait du sol jusqu'au milieu de la cuisse, voire au-delà d'un homme de grande taille. Ils trouvèrent également une croix de plomb qui portait au verso l'inscription : "Ci-gît enseveli, le célèbre roi Arthur en l'île d'Avalon". Ensuite, ils ouvrirent le tombeau de la reine et virent ses os et les cheveux de sa tête parfaitement conservés [...] Mais, quand ils les touchèrent, les cheveux se réduisirent à néant. »

La trouvaille est de taille ! Arthur n'est plus le messie breton attendu par certains. Arthur se voit ramené à une condition strictement humaine. Il n'est plus l'incarnation d'un mythe, mais un roi qui a régné, s'est couvert de gloire et a péri pour sauver l'Angleterre à la bataille de Camlan.

Les corps d'Arthur et de Guenièvre sont aussitôt transférés à l'église abbatiale et déposés à l'intérieur d'un tombeau de marbre.

Pour confirmer cette découverte, Giraud de Barri, un prêtre issu de la haute aristocratie normande et contemporain des rois Henri II et Richard Cœur de Lion, démontre même au moyen de la toponymie locale que Glastonbury en saxon et Avalon en celte signifient tous deux « l'île de verre ». Une telle parenté linguistique ne serait-elle pas la preuve évidente de l'authenticité du tombeau d'Arthur ?

Cette découverte, il est vrai, vient à point nommé. Pour les moines de Glastonbury tout d'abord. L'abbaye a en partie brûlé en 1184 et nécessite d'importantes réparations. Tout cela coûte cher, et l'afflux de pèlerins venant se recueillir sur le tombeau d'Arthur pourrait renflouer ses caisses. Pour sa réputation ensuite, et les dons qu'elle pourrait recueillir du fait qu'elle constituera désormais un pôle d'attraction lui permettant de concurrencer d'autres centres monastiques.

A ce propos, un épisode *Kaamelott,* jouant une fois de plus sur le comique de situation pour exprimer dans le même temps une réalité arthurienne, met en scène Arthur et Lancelot dans la salle du trône. Survient le père Blaise qui guide un groupe de pèlerins. Ceux-ci ne viennent-ils pas, en effet, admirer et se recueillir devant les symboles de la puissance arthurienne : la salle du trône et... le tombeau d'Arthur !

Pour le moins surpris, Arthur convoque Blaise et exige de lui une explication. Blaise invoque alors les difficultés de trésorerie auxquelles ils doivent momentanément faire face. Mais comment justifier pour autant que l'on parle d'Arthur au passé puisqu'il est là, bien vivant sous les yeux même de ces visiteurs du 3e type ?

Blaise : *Si je dis aux gens que vous êtes mort – dans des conditions héroïques, hein, attention ! « Brandissant Excalibur dans un dernier souffle de vie... »*

Arthur : *Et alors ?*

Blaise : *Du coup, c'est plus des touristes qui viennent visiter la cabane, c'est des croyants qui viennent en pèlerinage.*

Lancelot : *Quelle différence ?*

Evidemment, Blaise a réponse tout : *L'argent, bien sûr.*

Effarement de Lancelot !

Lancelot : *Mais enfin, vous vous rendez compte ? Si tous ces gens vont colporter par le monde que le roi Arthur est mort !*

Blaise : *Mais ils vont rien colporter du tout. La plupart du temps, ils parlent même pas la langue*[1] !

Les moines de Glastonbury ont-ils tenu un raisonnement identique ?

Et pour les Plantagenêts ? Qu'avaient-ils à gagner à l'affaire ? Beaucoup plus encore sans aucun doute. D'abord, la « mort réelle » d'Arthur délivre Henri II – un Angevin, donc un étranger – comme ses successeurs, d'une ombre tutélaire encombrante. Arthur réduit à l'état de squelette ne constitue plus une menace ni un mythe permettant de focaliser l'hostilité de leurs détracteurs.

Tuer le mythe d'Arthur, cependant ne suffisait pas. Encore fallait-il se l'approprier. L'ouverture, puis le transfert des ossements d'Arthur et Guenièvre à Glastonbury, ainsi que la fermeture du nouveau tombeau, en offrent l'occasion. Cette démarche s'explique par une pratique médiévale qui consiste, pour un roi, à offrir un nouvel enterrement à l'un des membres de sa famille s'il n'a pu assister à la première inhumation. « C'est une façon d'afficher une vénération pour le défunt, voire d'instaurer une filiation lignagère et d'occuper la place de l'héritier spirituel sinon réel à la manière dont le roi de France Philippe Auguste se met en scène comme le successeur de Charlemagne à la même époque[2]. »

1. *Kaamelott*, livre I, tome 2, épisode 19 : « La mort, le Roy Arthur ».

2. Richard Trachsler, in « Un chef de guerre récupéré par les politiques », *Historia*, septembre 2006.

Edouard Ier, à la pâque 1278, n'agit pas autrement lorsqu'il fait rouvrir à Glastonbury la sépulture d'Arthur pour faire à nouveau inhumer son corps et celui de Guenièvre dans un somptueux tombeau de marbre noir à l'intérieur de la nouvelle chapelle qu'il vient de faire construire. Mais Edouard Ier ne s'arrête pas là. Dans ce même lieu, il se fait le promoteur d'un culte voué à Joseph d'Arimathie, celui qui, selon la légende, aurait recueilli le sang du Christ dans un calice avant de devenir le premier évangélisateur de la Grande-Bretagne et, bien sûr, d'y rapporter le précieux calice.

Le thème du Graal – si essentiel dans la légende arthurienne – on le voit, n'est pas loin.

Cette manipulation des corps s'accompagne enfin d'une manipulation intellectuelle. L'affiliation à l'ancêtre Arthur de Bretagne sert les ambitions des Plantagenêts.

N'oublions pas, en effet, qu'en cette fin du XIIe siècle, le roi d'Angleterre dispose encore de plusieurs fiefs dans la moitié ouest de la France, dont le riche duché de Guyenne. « L'image d'Arthur, observe Martin Aurell, telle qu'elle est transmise dans les chansons et les romans dont les Plantagenêts encouragent la création, convient parfaitement à leur programme militaire d'hégémonie à l'extérieur et de consolidation à l'intérieur. Leur ancêtre mythique est un combattant [...] Les buts de sa guerre inlassable sont non seulement de défendre des territoires mais d'en conquérir de nouveaux [...] Prise au premier degré, l'utilisation d'une telle histoire par les rois de la maison d'Anjou est simple : elle justifie leurs nouvelles acquisitions territoriales sur le continent, en contestant au passage leur soumission vassalique au Capétien[1]. » Autrement dit, elle donne libre cours aux ambitions du Plantagenêt Richard Cœur de Lion face à Philippe Auguste.

Une telle manipulation, empruntant les canaux les plus divers, se poursuivra sous les règnes de plusieurs rois d'Angleterre.

En juillet 1284, le roi Edouard Ier fête ainsi le rattachement définitif du pays de Galles à la couronne par un tournoi organisé dans le village de Nefyn, en organisant une « table ronde », c'est-à-dire un tournoi, accompagné de réjouissances durant lesquelles des participants, déguisés pour la circonstance, incarnent divers personnages de la légende arthurienne.

C'est encore Edouard Ier qui rapporte solennellement à Londres, en l'abbaye de Westminster, la couronne du roi Arthur qu'il dit avoir récupérée auprès des Gallois vaincus qui la conservaient jalousement, et bien sûr illégitimement. De même, en 1301, après avoir soumis les Ecossais que commandait le fameux Bruce Wallace Braveheart, il expédie des émissaires auprès du pape pour soutenir la légitimité de sa souveraineté sur ce royaume, se réclamant des conquêtes menées jadis par Arthur.

C'est enfin le même Edouard Ier qui, très vraisemblablement, passe commande d'une table de forme ronde pcur une grande fête organisée dans son palais de Winchester en 1290. Ce meuble polychrome de 5,5 m de diamètre y est d'ailleurs toujours exposé.

Arthur, devenu un être réel, ancêtre historique de la dynastie des Plantagenêts et non plus un simple totem, son nom s'inscrit désor-

---

1. Martin Aurell, *L'Empire des Plantagenêt*, Perrin, 2003.

mais dans l'histoire de la Grande-Bretagne, et chaque souverain s'en réclamera à sa convenance, surtout aux heures les plus difficiles.

Dans son *Histoire de l'Angleterre* parue dans les années 1950, Winston Churchill lui-même fait référence à Arthur comme « le gardien de la civilisation face aux invasions barbares ». Fort de l'expérience de la Seconde Guerre mondiale qui vient de s'achever, il évoque ceux qui, comme lui, se lèveront « pour lutter contre la barbarie, la tyrannie et la tuerie, pour la liberté, le droit et l'honneur » en leur promettant que « leurs actions seront fameuses, quand même ils seraient eux-mêmes exterminés » et qu'ils « seront célébrés aussi longtemps peut-être que la terre tournera ».

ARTHUR LE SAUVEUR

L'étrangeté du personnage d'Arthur de Bretagne ne laisse donc pas d'étonner. Chef de guerre à une époque où la Grande-Bretagne, abandonnée par Rome, connaît l'une des pires crises de son histoire, il émerge du chaos sans que l'on sache exactement qui il est ni d'où il vient. Pourtant, il fait incontestablement partie de ces êtres providentiels qui, aux heures les plus sombres, viennent établir un nouvel ordre dans un monde dissolu. Arthur, à la fois chef de guerre et roi mythique de Camelot, en est la double incarnation.

La manière policée dont Alexandre Astier interprète le plus souvent le personnage d'Arthur ne doit pas cependant nous faire oublier qu'Arthur est un chef de guerre du VIe siècle. Elle n'entre toutefois pas en contradiction avec la romanité dont il fait preuve à l'écran dans ses états d'âme comme dans ses projets. En réalité, elle symbolise là l'ambiguïté parfaite d'un personnage que ni la réalité historique ni le mythe ne desservent, mais qui, au contraire, se conjuguent pour lui donner une cohérence inattendue.

La véracité historique des faits rapportés par Monmouth et ses successeurs, si elle ne peut être totalement contestée – certains n'ont-ils pas poussé, par exemple, l'absurdité jusqu'à faire de Napoléon un simple mythe solaire ? – demeure toutefois difficile à établir. L'absence de documentation précise répondant à nos critères d'objectivité, l'accumulation d'ajouts et de déformations due à l'évolution du personnage dans la conscience médiévale, brouillent les pistes. Le mythe d'Arthur dans tous ses développements littéraires et même ésotériques ne cesse tantôt de nous éclairer sur les fondements de sa royauté, tantôt de nous aveugler.

Pourtant, au-delà de nos interrogations, c'est peut-être encore Churchill qui a raison en écrivant : « Sur lui, autour de son nom et de ses exploits, rayonne et resplendit tout ce que la poésie et la légende ont pu créer de plus beau [...] Nous nous trouvons en présence d'une histoire aussi fondée, aussi inspirée, aussi inséparable de l'héritage humain que l'*Odyssée* ou l'Ancien Testament. Elle est entièrement vraie, ou elle devrait l'être ; et plus, et mieux encore. »

HAUBERTS, COTTES DE MAILLES ET BELLES ÉPÉES

Kaamelott ressemble parfois à un concentré du monde. Tout en émane et tout finit par y retourner. Voilà pourquoi les événements les plus ubuesques s'y déroulent, les personnages les plus farfelus s'y rencontrent, les situations et les lieux plus insolites y prennent place.

La preuve ? On y trouve même une salle de classe !

Or, ce jour-là, Arthur a décidé d'y donner un cours. Un cours dispensé à quelques apprentis chevaliers sur le sens profond d'un mot les concernant au plus haut point... celui de chevalerie.

Parmi les élèves attentifs qui se sont assis en face de lui : Yvain et Gauvain, le neveu d'Arthur.

Arthur : *Vous avez tous entendu prononcer des mots un peu pompeux comme la noblesse, la chevalerie, la dignité, le courage. Eh bien, il faut bien penser une chose, c'est que ce ne sont pas uniquement des termes de cérémonie.*

Silence dans la salle.

Arthur : *Tiens, la chevalerie, un mot qu'on entend prononcer un peu partout à tort et à travers... Voilà, alors qu'est-ce que c'est pour vous... la chevalerie ?*

Gauvain : *C'est pas l'endroit où l'on range les chevaux ?*

Désespoir d'Arthur. Qui, immédiatement, décide de reprendre la main.

Arthur : *Stop !... Je vais tenter de vous donner une définition de la chevalerie.*

Yvain : *La notion est complexe, mon oncle.*

Arthur (agacé et pesant ses mots) : *La chevalerie, c'est avant tout l'abnégation !...*

Hélas, le mot, visiblement, n'éveille aucun écho chez les apprentis chevaliers. Excepté chez Yvain et Gauvain, ravis, qui ont compris qu'il s'agissait d'une fête : le bal des nations !

Arthur (exaspéré) : *L'abnégation, il s'agit d'une grande qualité des chevaliers qui leur permet de penser aux autres avant eux-mêmes.*

Puis, devant une salle attentive mais médusée :

Arthur : *Les chevaliers n'agissent jamais pour eux, mais toujours dans l'intérêt des plus démunis. Ils ont aussi une forte propension à l'empathie, ils savent parfaitement se mettre à la place des autres et s'approprier une part de leur souffrance, ainsi ils ne luttent jamais pour un concept, par routine, ou même par zèle, ils luttent contre les causes d'une souffrance partagée... C'est la raison pour laquelle ils sont incorruptibles*[1] *!...*

Ce monologue improbable et superbe d'Arthur-Alexandre Astier n'en pose pas moins les fondements d'une éthique qui, aujourd'hui encore, reste associée à la notion de chevalerie. Il suscite également une question d'un intérêt capital dès lors que l'on évoque la saga arthurienne : de quoi parle-t-on exactement ?

Car le concept de chevalerie est inséparable de la figure historique et légendaire d'Arthur de Bretagne. Lui-même, dès le XIIe siècle, est considéré comme le *nec plus ultra* du chevalier, un modèle par excellence, un symbole vivant de toutes les vertus chevaleresques.

Mais cette image correspond-elle à une réalité ?

1. *Kaamelott*, livre III, tome 2, épisode 36.

La vérité oblige à nuancer la réponse. Car de qui parle-t-on ? Du *dux bellorum* en guerre permanente au VIe siècle contre les Saxons, du vainqueur de mont Badon, de l'homme mort à la bataille de Camlan pour avoir voulu punir son rival Mordret ? Ou de l'Arthur « inventé » par Geoffroi de Monmouth, Wace, et Chrétien de Troyes ? De l'homme chevauchant à travers toute l'Angleterre pour faire régner l'ordre et repousser l'envahisseur saxon, ou du roi régnant sur Camelot et gouvernant en seigneur féodal à la mode du XIIe siècle ?

Car, s'il s'agit du premier, le terme de chevalerie ne peut de toute évidence s'y appliquer strictement.

DES CAVALIERS SURGIS DE LA NUIT

Une fois encore, faisons retour à l'origine.

Les hommes qui accompagnent Arthur à Kelidon, à mont Badon, ou qui combattent à ses côtés à Camlan, ne sont pas des chevaliers du XIIe siècle, mais des guerriers barbares. Or ces guerriers, on l'a vu, ne se regroupent autour d'un chef que parce qu'ils le considèrent comme le plus apte à les mener à la victoire, à leur promettre de belles rapines et qu'il est le garant de coutumes ancestrales. Ces guerriers appartiennent à des tribus qui vivent en autarcie, même si elles peuvent à l'occasion se fédérer pour mieux se défendre contre d'autres tribus, lutter contre des envahisseurs étrangers, ou mener de concert des « raids » fructueux. Mais la fidélité qui lie ces barbares à leur chef demeure fragile. C'est un lien qui n'a rien de contractuel. Il dépend des relations entre les hommes et des circonstances, ou de leurs ambitions respectives. Que le chef de guerre ne remplisse plus son rôle, qu'il se montre incapable de satisfaire les appétits des combattants qui se sont ralliés à lui, qu'il montre la moindre faiblesse, et ses jours seront comptés. Ecarté sera-t-il alors au profit d'un rival plus habile, ou même physiquement éliminé.

Il n'y a donc rien là qui puisse évoquer le moins du monde une chevalerie telle que nous la concevons d'ordinaire.

Pourtant, en ce VIe siècle durant lequel « sévit » Arthur de Bretagne, des changements lents et profonds sont déjà engagés.

Inutile d'en chercher l'origine, comme on l'a parfois avancé, dans l'ordre équestre de la Rome antique, et moins encore dans l'Orient arabe des croisades. Les historiens savent depuis déjà longtemps qu'elle se trouve chez les envahisseurs barbares ayant déferlé sur l'Europe de l'Ouest, et particulièrement chez les Germains.

C'est au sein des tribus germaniques – et que sont les Anglo-Saxons sinon des Germains ! – que l'on trouve les traces à l'état embryonnaire d'une véritable chevalerie. Car les Germains sont avant tout des guerriers. De même que les peuples des steppes – Scythes, Sarmates, Huns – ils ne pensent et ne vivent que par la voie des armes. D'où la vénération qu'ils vouent à leur cheval et à leur épée à laquelle ils attribuent volontiers un nom. Excalibur, par exemple.

L'historien romain Tacite, dès le IIe siècle, s'en fait l'écho dans sa *Germanie* : « Ils ne jugent aucune affaire publique ou privée qu'en armes ; mais nul ne peut porter les armes, si la cité ne l'en a jugé capable. C'est dans l'assemblée que l'un des chefs, le père ou un parent décorent le jeune homme du bouclier et de la framée. C'est chez eux la robe virile, c'est le premier honneur de la jeunesse : jusque-là, ils étaient à une famille, désormais ils sont à l'Etat[1].

« Une haute naissance, les grands services des ancêtres confèrent la dignité de chef même à des adolescents, les autres s'attachent à des chefs d'un âge plus robuste, et depuis longtemps éprouvés ; et ils ne rougissent pas d'être vus dans leur suite. Cette place même a des grades dont est juge celui qu'ils accompagnent, et il y a une grande émulation, soit parmi les compagnons pour la première place auprès du chef, soit parmi les chefs pour avoir le plus de compagnons et les plus valeureux. C'est leur dignité, c'est leur force d'être toujours entourés d'un nombreux essaim de jeunes gens d'élite ; c'est un honneur dans la paix, c'est une sûreté dans la guerre. Ces chefs se font un nom glorieux non seulement dans leur propre nation, mais encore dans les nations voisines, s'ils brillent par le nombre et la valeur des guerriers de leur escorte. On les recherche par des ambassades, on les comble de présents, et souvent leur renommée seule décide de la guerre. »

Ces guerriers germains sont des hommes libres, précisons-le. Car aucun esclave n'a le droit de porter les armes.

Tacite nous parle encore d'une cérémonie d'« initiation » – ou plutôt d'intégration – se déroulant au plus profond des forêts germaniques. Le jeune récipiendaire se tient debout au milieu d'un cercle

1. La framée est une lance à long fer. Quant à la robe virile à laquelle Tacite fait allusion, il s'agit de celle que revêtait le citoyen romain libre lorsqu'il passait de l'adolescence et du monde privé à la vie publique, exerçant dès lors pleinement ses droits.

de guerriers accomplis. Il a quinze, vingt ans tout au plus, parfois moins. Il est passé par toutes les étapes de l'apprentissage. Il a d'abord servi les hommes de la tribu, il a appris à s'occuper des chevaux, servi comme valet d'armes, appris les rudiments de l'art de la guerre. A présent, le chef de la tribu lui remet la framée et un bouclier rond. Après quoi chacun l'acclame, et le jeune Germain entre dans le cercle des hommes libres, ses armes à la main.

La progressive sédentarisation des Germains ne changera que peu de choses à leur exaltation des valeurs guerrières. Sinon qu'elle les obligera à partager désormais les hommes en deux classes : celle des cultivateurs, artisans, commerçants chargés de travailler sur les domaines conquis ; celle des guerriers chargés de protéger ceux qui travaillent et, du même coup, les domaines exploités. La seconde catégorie est évidemment la classe dominante.

La société féodale est donc en germe dans cette organisation. Mais le guerrier demeure la référence fondamentale. C'est au combat seulement qu'un homme libre est capable de prouver sa vaillance, et même d'exprimer une sorte de « fureur sacrée » qui a partie liée avec la mystique germanique. La violence la plus animale, lorsqu'elle mène à la victoire, y est élevée au rang de vertu.

On comprend mieux ainsi pourquoi le déferlement de ces Barbares aux portes de l'Empire a pu inspirer aux Romains, plus policés, une sorte de terreur sacrée.

Dès l'âge de quatorze ans, tout Germain libre peut donc entrer véritablement dans sa communauté comme guerrier. Qu'il combatte à pied – c'est souvent le cas pour les Francs ou les Anglo-Saxons – ou à cheval, il ne s'accomplit que sur le champ de bataille où il doit faire preuve d'un courage sans faille pour attirer à lui les forces spirituelles qui lui accorderont la victoire.

Sur leur chemin, ces peuples barbares, enracinés dans leurs croyances guerrières, vont cependant rencontrer un ennemi auquel ils ne s'attendaient pas. Un ennemi qui, plutôt que de les affronter les armes à la main, leur parlera de paix et de pardon : le christianisme, cette religion du Dieu unique auquel finira par se ranger le *dux bellorum*, Arthur lui-même !

Très tôt, en relation avec la parole de Jésus de Nazareth, les premiers chrétiens ont développé, en effet, une mystique pacifiste et neutraliste. Ils ont jugé le statut de soldat incompatible avec la qualité de chrétien. Ils ont refusé le culte de l'empereur et le service militaire. Ils ont même accepté le martyre pour cela.

Ce n'est qu'au IVe siècle, sous l'empereur Constantin, qu'ils ont réorienté peu à peu leur discours. Pour le changer tout à fait dès lors que Théodose, en 391, imposait le christianisme comme religion d'Etat et interdisait le paganisme. De suspect à leurs yeux, l'empereur est alors devenu un garant, le héraut sur terre de la « Cité de Dieu », le représentant du bien absolu face à un monde déchu. Les obsessions pacifistes avaient fait long feu.

Bien sûr, des résistances se lèveront ici ou là. Mais d'autres concepts vont bientôt apparaître qui vaincront les dernières préventions.

Saint Augustin développe notamment celui de « guerre juste ». La guerre, à ses yeux, ne peut se justifier que parce qu'elle tend à rétablir l'harmonie et la paix : elle est un « mal nécessaire ». Tout comme le péché originel pèse sur l'humanité depuis le paradis terrestre, la guerre subsistera jusqu'à la fin des temps. Il n'incite pas à la violence gratuite, ni ne cherche à justifier de quelconques massacres ou des ambitions cupides. Il s'affirme en faveur d'une guerre strictement défensive et limitée à la protection de la « vraie foi » selon la formule consacrée qui veut que « les justes guerres vengent l'injustice ».

Qu'entendaient les Germains à ce discours ? Sans doute ce qui convenait à leur tempérament belliqueux. Convertis au christianisme, ils ne seront pas plus évangélisés en profondeur que les Bretons d'Arthur. De l'Evangile, ils retiendront surtout des formules choc, lorsque Jésus, par exemple, déclare : « Je ne suis pas venu apporter la paix sur la terre, mais l'épée. » Peut-être même les missionnaires chargés de leur parler du Dieu unique ont-ils d'ailleurs axé leur discours sur cet aspect guerrier en employant un vocabulaire susceptible de les toucher au cœur de leurs croyances païennes. Si Jésus présentait une image séduisante à leurs yeux, c'était bien celle de l'homme rebelle aux lourdes institutions juives et romaines, capable de chasser les marchands du Temple, condamnant l'hypocrisie, bravant avec courage les interdits d'une société sclérosée, et annonçant son sacrifice sanglant sur la croix ; beaucoup moins l'image du prophète doux et humble de cœur venu pardonner aux pécheurs et s'occuper des pauvres.

Les Germains, comme les Celtes, en parallèle de leur nouvelle religion, conserveront donc leurs pratiques coutumières et surtout leur mentalité guerrière ancestrale.

Voilà pourquoi l'Arthur de *Kaamelott* balance sans cesse entre le Dieu unique et la vieille religion celte des forces de la nature, magique, animiste, incarnée par Merlin. Passe encore pour la messe en latin et les psaumes chantés par Blaise, mais le fanatisme du répurgateur l'assomme, et ses exigences en matière de morale l'ennuient. Arthur a beau porter la croix du Seigneur ou l'emblème de la Vierge Marie à mont Badon, il demeure un guerrier celte chevauchant aux côtés de ses compagnons en homme libre.

La situation historique des peuples barbares – Bretons y compris – n'a pas dû être différente pendant une grande partie du Moyen Age. Christianisés, mais pas toujours évangélisés. Enfants du Dieu unique et fidèles en sous-main à leurs vieilles croyances enracinées au plus profond leur âme nostalgique des profondes forêts de Germanie où ils demeuraient au contact des forces de la nature. Un vieux fond de paganisme ne subsiste-t-il pas d'ailleurs aujourd'hui encore dans certaines de nos campagnes ?

Le christianisme va donc mettre plusieurs siècles à s'imposer et à pénétrer les couches profondes de la conscience des nouveaux convertis. Plusieurs siècles aussi à s'imposer au sein d'un monde féodal dont il va récupérer certains éléments à son profit, notamment une chevalerie émergeant peu à peu des brumes des « âges sombres ».

LA CHEVALERIE AU DIEU UNIQUE

En réalité, ce qu'on appelle chevalerie apparaît vraiment dans le chaos du sinistre xe siècle. L'Occident vient alors de subir une dernière vague d'invasions. Des peuples scandinaves venus du Nord – les Normands – se sont livrés à des raids en Irlande, en Angleterre, en France et en Italie. Sur la basse Seine, ils se sont même installés pour fonder un duché qui va devenir la Normandie (911). Bientôt, ils entreprendront la conquête de l'Angleterre et fonderont un royaume en Sicile. A l'Est, ce sont les Hongrois qui ont envahi la plaine du Danube. Au Sud, les Sarrasins ont pris possession d'une partie de l'Espagne et même poussé quelque temps leurs incursions jusque dans le sud de la France mérovingienne agonisante.

Puis, tout s'apaise peu à peu. Une nouvelle société émerge de ce chaos que l'on va baptiser féodale.

Certes, elle ne surgit pas du néant. Mais c'est après cette vague d'invasions qu'elle se constitue réellement. En Europe de l'Ouest, le processus s'amorce dès la dislocation de l'empire de Charlemagne, divisé en royaumes distincts dévolus à ses fils au début du IXe siècle. Un processus qui s'illustre par un affaiblissement de la puissance publique et une atomisation territoriale. De là, tout s'enchaîne. « L'Empire carolingien, dans sa partie occidentale, s'est ainsi transformé en mosaïque de grandes principautés territoriales regroupant plusieurs comtés, puis d'unités plus petites d'un ou deux comtés, enfin en seigneuries autonomes régissant les populations des alentours en s'appuyant sur les châteaux, signes tangibles de l'exercice de la fonction publique, et sur les hommes en armes, les *milites*.

« Alors commence le temps des princes et des châtelains, des seigneurs et des chevaliers. Il annonce et prépare le temps de la chevalerie [1]. »

En réalité, la féodalité naît d'une désagrégation. L'autorité publique exercée autrefois par le roi l'est désormais par une multitude de centres décisionnels d'importance secondaire. Un autre

1. Jean Flori, *Chevaliers et chevalerie au Moyen Age*, Hachette, 1998, rééd. 2004.

ordre se recrée sur cette base, mais un ordre contraire à l'unité primordiale de l'empire ou du royaume, qui favorise l'émiettement, la dispersion et donc les conflits. Désormais, chaque seigneur, qu'il soit laïc ou ecclésiastique, jouit à travers son ban – son pouvoir de commandement – d'un certain nombre de prérogatives militaires, fiscales, judiciaires, économiques, qu'il entend exercer sur ceux qu'on appelle les « hommes de la poesté », c'est-à-dire tous ceux qui ne combattent ni ne prient : paysans, artisans, premiers marchands.

Cette parcellisation de l'autorité s'appuie également sur des liens contractuels réciproques entre des hommes dans le cadre d'une société féodo-vassalique. Ces liens n'ont donc que peu de rapport avec ceux qui pouvaient exister entre un *dux bellorum* comme Arthur et ses cavaliers ou « compagnons ». Hormis les « hommes de la poesté », ils touchent la société à plusieurs niveaux, des plus hauts princes à la basse aristocratie.

Ce lien contractuel s'exprime par des obligations et des services réciproques. Un homme, le vassal, se place sous la dépendance d'un autre homme généralement plus puissant, le seigneur. Entre eux est établi un lien que concrétisent un hommage et une prestation de serment. Le vassal se présente tête nue et désarmée devant son futur seigneur, s'agenouille, place ses mains entre les siennes et lui déclare qu'il devient « son homme ». En vertu de quoi, le seigneur, acceptant l'hommage et le serment, lui répond qu'il le « reçoit et prend à homme ».

Dès lors, tous deux deviennent en quelque sorte dépendants l'un de l'autre. Si le vassal est là pour servir son seigneur, celui-ci lui doit protection et assistance, cette assistance impliquant la nécessité d'assurer son existence au quotidien. Au début, le seigneur recevra son vassal chez lui, puis l'usage voudra qu'il lui donne bientôt un fief, c'est-à-dire une terre lui permettant de subvenir seul à ses besoins.

En échange, le vassal s'engage – outre le serment de fidélité – à respecter deux obligations : le *consilium* (le conseil) qui le contraint à participer au plaid[1] comtal ou seigneurial, et *l'auxilium* (l'aide). Cette dernière est d'ordre militaire et matériel. Dans le premier cas, le vassal doit répondre à toute convocation de son seigneur qui exigerait de lui une assistance armée. Qu'il s'agisse d'une longue campagne (ost) ou d'une simple chevauchée, d'une escorte ou de la protection d'un château, il est tenu de lui prêter main-forte. Dans le second cas, la coutume prévoit quatre aides financières possibles : lors du départ du seigneur en croisade, de l'adoubement de son fils aîné, du mariage de sa fille, ou de sa rançon à payer en cas d'enlèvement.

Ce modèle ne s'est pas imposé partout au même rythme ni exactement de la même manière. Néanmoins, il apparaît dominant aux alentours de l'an mil dans une bonne partie de l'Europe. Le fief, à l'origine viager et inaliénable, devient même héréditaire. Qu'il soit transmis ou vendu, son détenteur est cependant tenu à une prestation de serment envers son seigneur légitime, ce qui maintient le lien féodo-vassalique.

La société féodale se présente ainsi comme un système extrêmement hiérarchisé, une sorte de pyramide qui, de degré en degré, remonterait à travers vassaux et seigneurs, chacun d'entre eux

1. Assemblée judiciaire réunie autour du seigneur.

pouvant être à la fois vassal et seigneur, jusqu'à son sommet : le prince ou le roi. Parmi eux, des chevaliers.

La cour de *Kaamelott* illustre en partie cette situation. Car Arthur, roi de Bretagne, y vit entouré de ses vassaux qui demeurent au château même. Pourtant, ces « vassaux » sont également de simples compagnons puisqu'ils disposent de leurs propres royaumes. Là encore, la situation est ambiguë. L'autorité d'Arthur y est incontestée en raison des liens qui l'unissent à ses « chevaliers » – comme à l'époque féodale – mais ces derniers le respectent surtout parce qu'il est un « chef de guerre » – à la mode du VIe siècle cette fois – dont ils reconnaissent la valeur et la bravoure.

L'époque féodale – l'autre monde d'Arthur, celui de la chevalerie – a radicalement dépassé ce stade germanique.

Au XIe siècle, le terme *milites* (soldats) va prendre ainsi une autre acception. Il ne désigne plus l'ensemble des soldats, ni même tous les cavaliers, mais seulement l'élite de ces cavaliers : ceux qui, disposant d'armes et de chevaux de guerre, combattent en charges vigoureuses avec lance, heaume, haubert (cotte de mailles) écu ou bouclier. C'est cette élite qui, peu à peu, va former la chevalerie. A cette époque, elle ne se confond pas avec la noblesse. Elle n'est pas non plus une caste ou une classe sociale à part. Elle est intégrée au second ordre de la société médiévale, c'est-à-dire « ceux qui combattent ».

En réalité, la chevalerie désigne simplement l'ensemble des guerriers d'élite qui, ayant mis leurs talents au service d'un seigneur, se voient récompenser de ce service par une allocation de terres, de revenus ou de rentes. Elle est en quelque sorte le bras armé de ces aristocraties locales. Elle les aide à faire régner l'ordre, mais aussi à prélever des taxes, à rendre la justice, à régler des conflits de « voisinage », voire à mener quelques petites guerres durant lesquelles pillages, viols et assassinats pourront éventuellement agrémenter l'ordinaire.

Ce n'est qu'à partir du XIIe siècle et plus encore au XIIIe siècle que la chevalerie deviendra une sorte de caste aristocratique beaucoup plus fermée. Outre les facteurs économiques (le coût de l'équipement par exemple, celui de l'entretien des chevaux, des domestiques, le prix des fêtes données lors de l'adoubement, le train de vie à assurer), la réduction du nombre des guerres privées du fait du renforcement et de la centralisation progressive du pouvoir politique, ainsi que l'élitisme affirmé de la chevalerie existante, inciteront de plus en plus de nobles à en limiter l'accès à leurs fils. La chevalerie deviendra alors le « fer de lance » de l'aristocratie. Le rite de l'adoubement, désormais réservé à des souverains ayant recouvré toute leur puissance, anoblira du même coup des chevaliers d'origine roturière, engendrant un phénomène de caste.

Mais nous n'en sommes pas encore là. Au Xe siècle, cette chevalerie naissante n'est pas celle des romans arthuriens. Elle se compose encore de guerriers qui, s'ils ne sont plus tout à fait des hommes libres comme les compagnons d'Arthur de Bretagne, manifestent la même ardeur au combat, la même cruauté, le même appétit de butins et de rapines.

En un mot, entre les guerriers de l'an mil et les chevaliers de Philippe Auguste ou de Richard Cœur de Lion à la fin du XIIe siècle, il existe encore une étape décisive à franchir.

Entre-temps, l'Eglise sera passée par là !

DES RITES... ET D'ÉTHIQUE

L'Eglise a compris très tôt quel parti il y avait à tirer de la formidable énergie déployée par cette caste guerrière turbulente, sauvage même, mais qu'elle devinait potentiellement prête à accepter, sinon son emprise, du moins sa tutelle. Dans une Europe désormais immergée dans la foi chrétienne et qui, peu à peu, subissait dans tous les domaines de son existence quotidienne, l'influence de ses valeurs, il n'y avait aucune raison pour que la chevalerie échappât à cette influence.

Dès le XIe siècle, tous ses efforts tendent ainsi vers une christianisation, puis une spiritualisation de la chevalerie.

Se situant au-delà de tous les pouvoirs temporels, détentrice du concept augustinien de la « guerre juste », elle va tout d'abord se poser en arbitre et en régulatrice des violences guerrières de la chevalerie. On l'a vu plus haut, l'Europe sort alors d'une grave crise due à de nouvelles vagues d'invasions. Partout, la violence s'est déchaînée, exacerbée, engendrant un climat de terreur. Et à ces violences, la chevalerie a très largement participé, ranimant des guerres intestines ou répondant à des exactions par des tueries plus abominables encore.

Encadrer, limiter cette violence va être le premier but de l'Eglise. En imposant la « paix de Dieu », puis la « trêve de Dieu » [1] à une

---

1. La « paix de Dieu » interdisait aux chevaliers d'attaquer, de piller ou de rançonner tous ceux qui ne portaient pas d'armes. Proclamée en 1041, la « trêve de Dieu » imposait aux seigneurs un arrêt des combats entre le mercredi soir et le lundi matin, pendant l'avent et le carême.

chevalerie tiraillée par des instincts anarchiques, en offrant de nouveaux cadres à son action, elle va mettre en place un système qui, sans s'opposer aux liens féodaux, exalte des valeurs nobles et un instinct protecteur mis au service des plus pauvres, des plus faibles, et bien sûr de l'Eglise elle-même.

Sa doctrine des trois ordres – « Ceux qui prient, ceux qui combattent, ceux qui travaillent » – comme fondement de la société féodale, cherche également à intégrer la chevalerie au sein du second ordre. Ainsi, se mouvant au sein d'un ensemble cohérent, aux yeux de Dieu, la chevalerie pourra désormais réorienter son action, lui donner un sens plus légitime et plus élevé.

Aux yeux de l'Eglise, le *miles* – le guerrier – doit donc devenir à terme un *miles Christi*, un chevalier du Christ. Et quel but plus noble à lui proposer que la reconquête de Jérusalem alors aux mains des musulmans, la ville ou le « Fils de Dieu » a prêché la bonne parole ?

La croisade lancée en 1095 à l'appel du pape Urbain II, répond à cet objectif. Il s'agit d'une violence justifiée, d'une légitimation de cette violence détournée à des fins spirituelles. Il ne s'agit pas d'une guerre de religion proprement dite, ni d'une guerre dirigée contre l'Islam en tant que tel, mais plutôt d'un pèlerinage armé, d'une guerre sanctifiée.

Les chevaliers ne doivent pas se confondre cependant avec les croisés ou même avec les moines soldats que sont Templiers, Hospitaliers et Teutoniques. La chevalerie, au grand désespoir de l'Eglise, conserve sa propre idéologie, « aristocratique, laïque et mondaine », comme le fait remarquer Jean Flori.

C'est cette « laïcité » qui va inciter les représentants du Dieu unique à s'immiscer jusque dans le cœur de la chevalerie, au point d'en avaliser les rites d'investiture.

Le cas de l'adoubement est significatif à cet égard.

Mais, avant d'en arriver à cette étape décisive de son existence, l'apprenti chevalier aura subi un véritable parcours du combattant dont les premiers pas se feront sur les terres même du fief que son propre père tient de son suzerain.

Si, jusqu'à l'âge de sept ans, il demeure comme n'importe quel enfant aux mains des femmes, il passe à cet âge aux mains des hommes. Dès lors, il accompagne son père – ou son tuteur – dans toutes ses activités, excepté bien sûr la guerre. Il reçoit ses premières leçons d'équitation et d'escrime, apprend à panser et soigner les chevaux, participe à des chasses au faucon. Bref, il est en quelque sorte « dégrossi » par son géniteur lui-même.

Mais, cinq ans plus tard, changement de décor. L'apprenti chevalier est confié au suzerain immédiat dont dépend son père. Il devient ainsi damoiseau – s'il est noble – ou valet s'il est de naissance moins racée.

Dès lors, les tâches les plus diverses et les plus ingrates lui incombent. Levé à l'aube, il doit aider son maître à se laver et à s'habiller. Il le sert à table, pour le pain, le vin ou les venaisons qu'il est chargé de découper. Il s'occupe de ses chevaux, mais également de ceux des chevaliers accomplis, de la châtelaine et naturellement du sien. Pour la chasse, il a en charge la préparation des épieux avec lesquels sera forcée la bête et celle des couteaux. Il doit également veiller à la nourriture ainsi qu'à la préparation des chiens et des faucons.

Quant au métier des armes proprement dit, il l'apprendra d'abord en entretenant celles de son seigneur (lance, épée) de même que ses attributs de chevalier : cotte de mailles, haubert, cuirasse.

Initié au maniement du bâton et de l'épée, il n'aura pas pour autant le droit de combattre. Généralement, il se tient alors en retrait, prêt à secourir son seigneur en lui remettant au cœur de la mêlée de nouvelles lances ou un nouvel écu – un bouclier – d'où son nom d'écuyer (porteur de l'écu).

Est-ce à dire que cet écuyer assiste toujours passivement à ces affrontements ? Non, bien sûr. Souvent, il doit s'engager à son tour dans le feu de l'action. Armé d'une épée cette fois et non d'un simple bâton, il peut alors faire la preuve de son courage devant ses futurs pairs.

Il n'entrera cependant en chevalerie qu'à l'âge de vingt ou vingt et un ans.

Chez les Germains, comme chez les Celtes, le futur « cavalier » pouvait recevoir les armes dès l'âge de douze ans. Mais cette limite basse sera relevée dès le XIe siècle sous l'influence du droit romain. Il n'y a donc rien d'étonnant à lire sous la plume de Geoffroi de Monmouth qu'Arthur se fit reconnaître par ses pairs dès l'âge de quinze ans et qu'il avait, à cette époque, accompli déjà suffisamment d'exploits sur le champ de bataille pour que d'autres « cavaliers » se rangent à ses côtés.

C'est ici que le célèbre rite de l'adoubement[1] intervient.

En réalité, ses origines sont assez floues. Chez les Germains,

1. Le mot « adoubement » a une origine germanique et signifie « armer », « équiper ».

l'accès à la majorité se traduisait par la remise des armes. Au Moyen Age, le rite de l'adoubement – probablement laïc au départ – comporte également la remise au nouveau chevalier de ses armes et de ses attributs : épée, lance, bouclier, éperons, haubert, heaume. S'y ajoute – excepté en Angleterre – un autre rite : celui de la colée, qui consiste en un coup violent appliqué de la paume de la main à la naissance du cou du récipiendaire. Plus tard, ce rite sera peu à peu abandonné pour céder la place à une accolade formelle ou à un coup de plat d'épée sur l'épaule, geste qui, aujourd'hui encore, passe – à tort – pour le symbole même du rite de chevalerie.

Au XIe siècle, sous l'influence de l'Eglise – habile à récupérer toutes choses pour y imprimer sa marque – deux éléments nouveaux apparaissent qui vont sacraliser et christianiser l'adoubement : la bénédiction de l'épée et son exposition sur l'autel.

Au XIIe siècle, à l'époque où l'influence de la chevalerie atteint son point culminant, le rituel – presque entièrement fixé – est devenu chrétien.

La veille de sa réception, le futur chevalier doit se confesser et passer la nuit en prières dans une église ou une chapelle. Devant lui, déposée sur l'autel : son épée. Eventuellement, auprès de lui : ses futurs compagnons d'armes.

Le lendemain, il communie au corps du Christ, geste d'une extrême importance en un temps où la communion est rare. Puis, amené devant l'officiant qui doit l'adouber[1], son épée ayant été préalablement bénie par un prêtre, il est revêtu de ses attributs de che-

1. Tout chevalier régulièrement adoubé pouvait « faire » un autre chevalier.

valier – baudrier, éperons, haubert, heaume, bouclier. Il jure alors solennellement de respecter les règles de la chevalerie, prononce une courte prière et reçoit la colée qui fait de lui un chevalier à part entière.

Dès lors, les libations commencent. Car l'accession à la chevalerie est une étape décisive dans la vie du futur combattant et ne saurait se passer de réjouissances. Festins, démonstrations d'adresse, tournois, sont à l'honneur et peuvent durer plusieurs jours.

Un chevalier qui n'a pas été adoubé ne peut ainsi se prétendre chevalier. Lorsqu'Arthur apprend, dans *Kaamelott*, que Perceval n'a pas été adoubé, il s'en étonne et cherche aussitôt à remédier à cette « négligence coupable ».

Perceval, lui, ne comprend toujours pas de quoi il s'agit.

Perceval : *Qu'est-ce que ça change ?*

Blaise : *Ça change que si vous n'êtes pas adoubé, vous n'êtes pas chevalier.*

Perceval : *Ah bah ça, ça me ferait mal !*

Blaise : *Je suis désolé, les textes sont très clairs là-dessus. Seuls sont chevaliers ceux qui sont adoubés.*

Perceval : *Non, je m'excuse, je vois toujours pas le rapport.*

Arthur (énervé) : *Puisqu'on vous dit que sans ça, vous êtes pas chevalier !*

Perceval : *Sans l'armure ou sans l'épée, je veux bien admettre.*

Arthur (hors de lui) : *Mais c'est pas le problème d'armure ou d'épée, vous pouvez vous balader avec une cuiller à soupe : l'adoubement, c'est une condition pour être chevalier*[1] *!*

1. *Kaamelott*, livre I, tome 1, épisode 40.

Le chevalier du XIIe siècle, heureusement, avait moins de mal que Perceval à comprendre la signification de ce passage obligé.

Une fois son influence établie sur les rites de chevalerie, l'Eglise n'en restera cependant pas là. Elle se préoccupera d'en définir la fonction, puis de préciser une éthique chevaleresque qui fera de cette caste guerrière une servante à part entière de la foi.

Au XIIe siècle, plusieurs théoriciens de la chevalerie s'emploient ainsi à l'exprimer clairement. Pour Jean de Salisbury, « la fonction de la chevalerie régulière (*militia ordinata*) consiste à protéger l'Eglise, combattre la perfidie, révérer le sacerdoce, garantir les faibles des injustices, faire régner la paix dans le pays et – comme l'enseigne l'origine du serment – de verser son sang pour ses frères et, si besoin est, donner sa vie pour eux[1] ».

L'image du chevalier défenseur des faibles et des opprimés, de la veuve et de l'orphelin, correspond donc bien à une réalité médiévale et non à un fantasme. Le chevalier, hormis son rôle intrinsèque de combattant, obéit à une double fonction : celle de protection du corps social et celle d'exercice de la justice, cette dernière pouvant au besoin être assurée par les armes.

Pour remplir cette mission, le chevalier doit naturellement posséder certaines vertus – du moins en théorie. Il doit être bon chrétien, soumis à l'Eglise, entendre fréquemment la messe, être de bonnes mœurs, rester humble, être courageux, fidèle et loyal envers ceux qu'il sert, respecter la parole donnée, être généreux envers les plus pauvres ou encore refuser de défendre une cause injuste. De même,

---

1. Jean de Salisbury, *Policraticus*, livre VI.

et toujours dans ce but, il devra se maintenir en état de combattre, s'entraîner à manier la lance, l'épée, à chasser, participer à des tournois. Pour ne pas perdre la main pourrait-on dire, puisque cette main précieuse devra tenir solidement le glaive mis au service de Dieu !

Cette éthique chevaleresque s'applique naturellement sur le champ de bataille. La volonté de l'Eglise, affirmée dès le xe siècle, de canaliser la violence guerrière des hommes d'armes passe aussi par la mise en place d'un code de chevalerie à la guerre. Un code lui aussi très théorique, il faut bien l'avouer. L'Eglise ne cesse ainsi de dénoncer les rapts, rapines, pillages, tueries et autres exactions auxquels se livrent les « seigneurs de guerre ». Elle conseille, en revanche, la modération, la clémence, le traitement équitable des prisonniers ou encore la libération contre rançon plutôt que la captivité.

Est-ce à dire que les chevaliers respecteront toujours cette éthique ? Hélas, non. Les sermons des clercs sont alors remplis de mises en garde et même d'objurgations à ceux qui ne respectent pas les « lois morales » de la guerre définies par l'Eglise, à ceux qui n'observent pas la paix de Dieu ou la trêve de Dieu. Au xiie siècle, Alain de Lille condamne ainsi sans appel tous ceux qui contreviennent aux lois de la chevalerie. « Ils servent pour s'enrichir, écrit-il ; prennent les armes pour piller ; ce ne sont plus des *milites*, mais des voleurs et des ravisseurs ; plus des défenseurs, mais des agresseurs. Ils plongent leurs glaives dans les entrailles de leur mère l'Eglise, et la force qu'ils devraient utiliser contre les ennemis, ils en usent contre les leurs. »

Lors de son appel à la croisade de 1095, le pape Urbain II, à

Clermont, fera également allusion à cette chevalerie dévoyée qu'il espérait remettre dans le droit chemin.

— Qu'ils deviennent de véritables chevaliers ceux qui, longtemps, n'ont été que des pillards ; qu'ils combattent maintenant, comme il est juste, contre les barbares, ceux qui autrefois tournaient leurs armes contre des frères d'un même sang qu'eux ; qu'ils recherchent des récompenses éternelles, ces gens qui, pendant des années, ont vendu leurs services comme des mercenaires pour une misérable solde ; qu'ils travaillent à acquérir une double gloire ceux qui, naguère, bravaient tant de fatigues au détriment de leur corps et de leur âme...

Hélas, Urbain II ne sera guère entendu de la plupart de ceux auxquels il s'adressait. Les croisades verront de sanglants massacres se perpétrer en Terre sainte. La prise de Jérusalem en 1099 sera l'occasion d'une véritable boucherie. En 1204, à Constantinople, les croisés se livreront à des meurtres, viols et pillages dont le souvenir douloureux demeurera longtemps dans la mémoire des Byzantins. Et que dire des abominables et inutiles tueries commises par les barons du Nord en Languedoc lors de la fameuse croisade contre les Albigeois dans la première moitié du XIIIe siècle !...

Si un chevalier pouvait être condamné et mis à mort pour certains crimes particulièrement odieux, si sa qualité de chevalier pouvait en principe lui être retirée [1], il faut bien admettre que nombre d'entre

1. Bien que peu de cas nous soient connus, un chevalier pouvait être théoriquement dégradé de sa qualité de chevalier. Dans ce cas, le rituel le plus symbolique consistait dans la brisure publique de ses éperons, marque essentielle de son appartenance à la chevalerie.

eux se montrèrent fort peu sensibles aux recommandations de l'Eglise en matière d'éthique chevaleresque. Au XIIe siècle, comme au VIe siècle, la violence, la cruauté, le pillage, la traîtrise, continuaient, hélas, d'être de toutes les guerres.

VOYAGE EN ARTHURIE OU LES MONDES PARALLÈLES

Que penser alors de cette chevalerie arthurienne telle qu'elle nous est présentée au XIIe siècle au travers des œuvres du Français Chrétien de Troyes (1135-1183), auteur de romans s'inscrivant dans le fameux Cycle du Graal ?

De ce romancier gravitant d'abord dans l'entourage de la comtesse Marie de Champagne, puis dans celui du comte de Flandre, Philippe d'Alsace, nous ne savons pratiquement rien. Seuls ses héros – Perceval, Lancelot, Yvain, Gauvain – sont demeurés célèbres. Mais, groupés autour de la Table ronde et du roi Arthur – lui-même censé incarner le modèle le plus parfait de la chevalerie – sont-ils pour autant des chevaliers chrétiens tels que l'Eglise du XIIe siècle les concevait, au moins idéalement ?

Rien n'est moins sûr. Chrétien, avec un incontestable talent, mêle tradition merveilleuse celte et univers christianisé. Ses livres ne sont ni un miroir de la chevalerie de son temps ni même d'une chevalerie idéale. En fait, comme le fait observer justement Jean Markale, « rien n'est moins chrétien que la chevalerie arthurienne, et cela en dépit de toutes les allusions qui sont faites à la religion et aux bons serviteurs du Christ. Il ne suffit pas de placer des ermites et des monastères à chaque carrefour pour faire d'un roman païen une œuvre chrétienne. D'ailleurs, les ermites et les monastères sont toujours enveloppés d'une forte odeur de soufre[1]. »

En réalité, à y regarder d'un peu près, les héros de Chrétien de Troyes n'obéissent guère aux critères retenus à son époque pour juger de l'excellence d'un chevalier. Ils ne combattent guère pour Dieu, encore moins pour leur roi ou un quelconque suzerain. Leur quête est personnelle et obéit à des motivations qui n'ont que peu de rapports avec la chevalerie ou la morale en vigueur.

Lancelot vit un amour adultère avec la reine Guenièvre, l'épouse d'Arthur. Il ne cesse de trahir le roi. Bohort est son complice. Gauvain court après la première pucelle qui passe à sa portée. Yvain, pour s'approprier une mystérieuse fontaine assassine un chevalier, s'empare de ses biens et épouse sa veuve. L'amour – illégitime ou passionnel – l'égoïsme, le souci d'une gloire personnelle, le goût des prouesses, l'intérêt exclusif pour la chevalerie et le dédain des manants sont les moteurs essentiels des actions de nos héros. Bien plus en tout cas que cette abnégation chère au Arthur de *Kaamelott* ! En outre, ces chevaliers sont davantage occupés à se battre et s'entretuer qu'à défendre la veuve et l'orphelin.

Un signe qui ne trompe pas : l'Eglise se méfiera d'emblée de ces romans, trop païens à son goût, trop celtes, en un mot pas assez chrétiens. Chrétien de Troyes, il est vrai, se montre plus mystique que religieux, plus mythique que théologique. La morale conventionnelle n'est pas son premier souci. Ses héros agissent pour des motivations personnelles dans un monde féerique et non à l'intérieur d'un

1. Jean Markale, *op. cit.*

cadre où il leur faudrait servir l'ordre médiéval établi. Ce sont des solitaires ou des chevaliers errants et non les membres solidaires d'une caste. Leur quête du Graal n'a que peu de rapports avec la reconquête de Jérusalem par les croisés. En outre, ce ne sont pas seulement des chevaliers capables de manier l'épée ou la lance comme dans les anciennes chansons de geste, mais des êtres capables de s'illustrer dans des disciplines artistiques ou intellectuelles, de composer des poèmes, de pratiquer l'amour courtois.

Ultime paradoxe : à travers ce miroir de la chevalerie, la saga arthurienne apparaît une fois de plus riche de contradictions tout en demeurant d'une surprenante cohérence. Une aubaine pour le *Kaamelott* d'Alexandre Astier qui sait jouer habilement sur tous ces claviers, de même qu'un ténor du barreau sait exploiter les failles et les vides juridiques d'un système.

Puisant dans la source sans fond de la légende arthurienne, *Kaamelott* reconstruit un énième monde parallèle où il nous entraîne et qui, pourtant, ne cesse de demeurer arthurien.

À FRANCS ÉTRIERS

Arthur *dux bellorum*, Arthur et ses chevaliers, Arthur cerné par les Barbares, Arthur combattant des créatures étranges au fond d'un tunnel, Arthur concluant des traités de paix... La guerre semble omniprésente dans *Kaamelott*. Peu montrée à l'écran, on la retrouve même à l'arrière-plan d'intrigues plus domestiques !

En réalité, la guerre est également présente durant tout le Moyen Age, des « Ages sombres » de l'île de Bretagne à la « belle époque » du roi Arthur telle que l'a imaginée Chrétien de Troyes. Même épisodique, même larvée. Survivre est la tâche essentielle dans un monde qui semble précaire et où la vie est un bien fragile. Survivre dans un monde violent, âpre, où les codes n'ont que peu de rapports avec ceux de nos guerres contemporaines ou de nos palinodies diplomatiques.

En cela, le véritable roi Arthur et ceux qui l'accompagnent sont donc bien à l'image de leur temps. Entre le VIe siècle et le XIIe siècle de l'épopée arthurienne, un saut quantitatif et qualitatif s'opère malgré tout. Non seulement les moyens et les techniques diffèrent, mais l'état d'esprit dans lequel se fait la guerre a changé.

Alexandre Astier, dans *Kaamelott,* les mêle allégrement et avec humour, se moquant de la chronologie. Pourtant, chaque élément, s'il ne se situe pas toujours à l'époque véritable du roi Arthur ou au Moyen Age dans lequel le personnage est plus tard « réinséré » en quelque sorte par la littérature, n'en correspond pas moins à une réalité.

UNE RACE FOLLE DE GUERRE

« Toute la race est folle de guerre, écrit déjà le géographe grec Strabon au Ier siècle avant J.-C., irascible et prompte au combat, mais au reste simple et sans méchanceté. Excités, ils se forment en masse pour le combat, ouvertement et sans réflexion, de sorte qu'ils deviennent faciles à manier pour ceux qui veulent les battre. »

Quelle race ?... Celle des Celtes, le peuple dont est issu et dont se revendique Arthur de Bretagne. Un peuple dont le caractère, selon les auteurs latins, apparaît changeant, imprévisible, en contraste total – selon eux du moins – avec la belle sérénité des légions romaines combattant en ordre, en rang, presque en « harmonie » avec l'adversaire.

En réalité, pour connaître les ancêtres d'Arthur, notre source principale reste les écrits des auteurs grecs et romains tels que Polybe, Posidonios, Strabon, Diodore de Sicile ou César. Venus d'Europe centrale vers le Ve siècle avant J.-C., les Celtes se sont répandus un peu partout en Europe, jusqu'en Irlande et même en Asie Mineure et au Proche-Orient. Partout, ils ont laissé derrière eux cette même image de guerriers farouches et intraitables, orgueilleux et courageux, instables et irréfléchis.

Qu'en est-il exactement ? « On les trouve toujours prêts au danger, dit encore Strabon, sans autre secours que leur violence et leur audace... Leur force résulte en grande partie de leurs corps qui sont grands, et en partie de leur nombre. A la simplicité, à l'irritabilité, s'ajoutent à un haut degré d'irréflexion, la vantardise et l'amour de la parure. Ils portent de l'or : des chaînes autour des bras et des poignets et des torques au cou, et les gens de qualité portent des vêtements teints et brodés d'or. Cette légèreté les rend insupportables dans la victoire, alors qu'on les voit abattus dans la défaite. »

On ne leur prête d'ailleurs pas seulement un courage exemplaire ainsi que de nombreux faits d'armes, mais aussi une barbarie peu commune, le goût des sacrifices sanglants et une propension au culte des crânes. « En quittant le champ de bataille, rapporte encore Strabon, ils [les Celtes] suspendent la tête de leurs ennemis au cou de leur cheval, les rapportent chez eux et les clouent à leur porte comme des trophées. »

César qui a eu à les combattre en Gaule affirme quant à lui que tout guerrier celte, qui croit tomber malade ou redoute de mourir au combat, se fait un point d'honneur à pratiquer des rites sanglants.

Ces pratiques avaient-elles disparu au temps d'Arthur ? Sans doute. Rome, ne l'oublions pas, était passé par là. Mais peut-être, quelques-unes de leurs coutumes guerrières se maintenaient-elles encore dans certaines tribus.

Ce qui est sûr, c'est que les « cavaliers d'Arthur » ne ressemblent en rien à ces chevaliers du XIIe siècle en armure lancés au galop en une masse compacte contre l'adversaire et qui décident du sort des batailles. Les combattants se battent à pied. Les cavaliers sont rares. La guerre se déroule au ras du sol, et le plus souvent en terrain découvert, si l'on excepte les embuscades et les possibles « guérillas ».

L'une des caractéristiques de ces Celtes semble être également une relative indiscipline, même au combat. Pas de stratégie, peu

LE MONDE DU ROI ARTHUR

PERCEVAL
Chevalier du pays de Galles

CALOGRENANT
Roi de Calédonie

GAUVAIN
Chevalier

KARADOC
Chevalier de Vannes

ARTHUR
Roi de Bretagne

LÉODAGAN
Roi de Carmélide

BOHORT
Chevalier de Gaunes

YVAIN
Chevalier au Lion

LANCELOT
Chevalier du Lac

Dans le monde celte, les druides jouent les intermédiaires pour s'approprier les forces surnaturelles et dominer les êtres maléfiques aux formes hybrides. La magie est alors inséparable de la religion. La naissance de Merlin (du viol de sa mère par le diable, à gauche), ou son rôle auprès d'Arthur montrent l'inextricable mélange des genres qui persistera aux siècles suivants.

Perle aux forces magiques de verre blanc strié de violet. Civilisation anglo-saxonne, VIe siècle.

La croyance en des pratiques magiques perdure tout au long du Moyen Age. Les forêts (leur obscurité abrite démons et dragons) sont le cadre idéal de ces rituels au cœur du monde celte. Le christianisme aura du mal à s'en défaire.

MERLIN L'ENCHANTEUR

GUENIÈVRE OU ... GUEMIÈVRE ?

Dans la civilisation celte, l'homme et la femme jouissent d'une égalité sans commune mesure avec celle de la femme romaine ; de même, sous la plume de Chrétien de Troyes, Guenièvre campe une femme idéale, modèle de liberté aux antipodes de la femme douce et soumise incarnée dans *Kaamelott*.

Cette liberté dura plusieurs siècles. Au Moyen Age, couronnées (à gauche), elles peuvent régner avec leur époux ou sans lui s'il est mort ou absent, diriger leurs propriétés, combattre et pas seulement pour se défendre, ou se distraire, loin des rôles de composition qui leur seront attribués par la suite. A droite, Guenièvre vue au XIXe siècle par Sir Edward Burne-Jones.

L'IDÉAL CHEVALERESQUE

La guerre est omniprésente au Moyen Age et la vie, un bien fragile. Les Celtes, tel Arthur de Bretagne, sont des guerriers farouches, cruels et intraitables, pratiquant volontiers des sacrifices, sans comparaison avec les chevaliers qui leur succéderont en Occident, et dont les pratiques seront encadrées par l'Eglise.

Le roi Arthur, XIVe siècle
© AKG-Images / British Library

© AKG-Images / Jérôme da Cunha

CHEVALIER MODE D'EMPLOI

Dès l'âge de 12 ans, l'enfant promis à la carrière de chevalerie s'initie à l'équitation, au métier des armes. Avec son casque, sa cotte de mailles, le chevalier dispose au XIIe siècle de différentes armes : lance, épée (1 mètre de long, 1 à 2 kilos) , la dague pour achever son adversaire, ou la hache... Moins de guerres cependant, et plus de tournois caractérisent cette époque marquée par des liens de dépendance très forts entre les hommes.

LA TABLE RONDE

Quand les légendes ont la vie dure... Au cœur du monde arthurien et de l'univers de *Kaamelott*, la Table ronde sortie tout droit de l'imagination de Chrétien de Troyes est inspirée de la Cène, le dernier repas du Christ. Désireux de s'inscrire dans la prestigieuse lignée du vrai-faux Arthur, Edouard Ier d'Angleterre la fit fabriquer en 1290 pour son palais de Winchester, où elle se trouve toujours !

de tactique. Ils comptent avant tout sur leur virilité guerrière et sur l'impression produite sur l'ennemi.

Dans un épisode de *Kaamelott*, Arthur et ses chevaliers attendent l'arrivée d'ennemis saxons, un ennemi qui ne vient pas. La troupe se lasse et commence de relâcher sa vigilance. Arthur, alors, constate avec amertume cette débandade.

Arthur : *C'est pas ma faute à moi si vous me confiez l'armée la plus indisciplinée de l'histoire martiale !*

Et Lancelot de baisser les bras lui aussi.

Lancelot : *Je m'arrache déjà les cheveux à leur instruire le combat, j'avoue que je n'ai pas encore abordé les positions d'attente.*

Dans un autre épisode, les soldats pique-niquent et font preuve d'une indifférence totale envers les codes et signaux qui leur sont adressés et dont ils ne comprennent pas le sens.

Devant ce désintérêt manifeste, Arthur se décourage. On a beau manœuvrer des drapeaux et sonner du cor, rien ne semble concerner ses hommes.

Arthur : *Je vais vous dire, ils attaquent comme ils veulent, ils passent par où ils veulent, quand ils perdent, ils décident de se tirer sans s'occuper de personne. Je suis chef de guerre, moi. Je suis pas là pour jouer de la trompette et secouer des drapeaux*[1].

Même caricaturale, la scène reflète donc une réalité. C'est l'une des raisons pour lesquelles César viendra à bout de Vercingétorix en Gaule.

Ces Celtes de l'Île de Bretagne qui se rangent au côté d'Arthur n'en sont pas moins d'authentiques guerriers. En les abandonnant

1. *Kaamelott*, livre I, tome 1, épisode 44.

face aux envahisseurs saxons, les Romains, pour les avoir combattus autrefois, savaient d'ailleurs très bien qu'ils donneraient à ces nouveaux venus du fil à retordre.

Traditionnellement vêtu d'une tunique de cuir qu'il a enfilée par-dessus une tunique plus légère – plus rarement d'une sorte de cotte de mailles –, le guerrier d'Arthur est chaussé de bottes en cuir.

Pour attaquer, il dispose de la grande épée romaine dont le manche aura été décoré de motifs géométriques ou animaliers. Celle-ci est glissée dans un fourreau en fer, en bronze, en bois ou en cuir. Elle est généralement portée à droite ou quelquefois derrière le dos.

Autre arme indispensable : la lance, souvent en bois de frêne et terminée par une extrémité en métal.

Ajoutons-y la hache, la massue, mais aussi le poignard, ainsi qu'une arme bien plus ancienne mais très efficace en cas de siège, la fronde. Arcs et flèches semblent, en revanche, avoir été moins utilisés.

Pour se défendre, il peut s'abriter derrière un bouclier en bois ou en cuir de forme arrondie ou ovale et sur lequel sont généralement représentés des emblèmes tels qu'un dragon ou une croix. Parfois, le bouclier se compose d'une double feuille en bois recouverte de cuir ou de bronze.

Combattant le plus souvent tête nue, le guerrier celte est parfois casqué, et Diodore de Sicile nous parle de « casques de bronze avec de grandes excroissances, qui donnent à ceux qui les portent une apparence gigantesque : tantôt des cornes sont extérieurement unies au casque ; sur d'autres, ce sont des protomés d'oiseaux ou de quadrupèdes ».

De nombreux témoignages affirment également que certains guerriers combattaient entièrement nus, ne portant qu'un torque d'or et la ceinture qui soutenait l'épée. Cette nudité rituelle était-elle encore de mise au temps d'Arthur de Bretagne ? C'est peu probable.

Ainsi équipés, ils peuvent commencer le combat. L'important est d'abord d'impressionner l'adversaire par une parade guerrière. Et pour cela, tous les moyens sont bons : cris, chants de guerre et sonneries de cor font un vacarme effrayant. Trompettes et cors surtout produisent des sonorités rauques qui écorchent les tympans de l'ennemi. Puis, les combattants, sous la direction de leur chef de guerre, s'élancent sur le champ de bataille. Le premier choc est décisif, car sur le terrain les Celtes manquent de coordination. A l'intelligence tactique, ils doivent donc suppléer par le courage et se battre avec férocité. Impossible de reculer. Même si les cadavres s'amoncellent autour de lui et si la terre est rouge de sang, un guerrier doit faire preuve de vaillance. Particulièrement s'il est un chef de guerre comme Arthur. Chez les Celtes, la bravoure tient lieu de vertu.

« Le combat, écrit Barry Cunliffe, était une manière de faire naître des prouesses et d'accroître le prestige du guerrier. C'était un acte public, dont toute la communauté pouvait observer et juger les acteurs, et dont les péripéties s'enracinaient à jamais dans la mémoire collective. L'échec ou la défaite, placés sous le même regard, étaient donc socialement inacceptables [1]... »

La légende d'Arthur s'est sans doute d'ailleurs forgée dans cette mémoire collective dont les bardes assuraient la pérennité.

Les combats, on l'a vu, se déroulent donc généralement entre piétons et non entre « chevaliers ». Des raids peuvent être en

1. Barry Cunliffe, *Les Celtes*, Errance, 2001.

revanche le fait de cavaliers opérant par petits groupes très mobiles, ce qui semble avoir été le cas du roi Arthur contre les envahisseurs pictes, scots, puis saxons de l'île de Bretagne.

Signalons enfin que, si les circonstances l'exigent, les femmes peuvent se mêler au combat. La femme celte se comporte alors assez différemment de celles que nous rencontrons dans les romans de chevalerie du cycle arthurien. Lors d'une révolte des Celtes contre les Romains en 61 avant J.-C., un auteur latin évoque ainsi avec effroi la reine Boadicée (Boudicca) comme « d'une corpulence étonnante, à l'allure absolument terrifiante, l'œil fier et brillant, la voix rauque, une masse de cheveux longs plus rouges que le sang lui descendant jusqu'au bas du dos ».

Tous les témoignages nous parlent de leur aspect effrayant, mais aussi de leur acharnement au combat, voire de leur férocité. Ces femmes celtes se battent comme des hommes et participent aux réjouissances qui suivent les hostilités.

LA PUISSANCE PLUTÔT QUE LA STRATÉGIE

Point n'est question non plus d'attaques de « châteaux forts » au sens où nous l'entendons au Moyen Age.

Le château de Kaamelott n'est alors la plupart du temps qu'une grande maison de forme arrondie construite sur un soubassement en pierres sèches, avec des murs composés d'un mélange de branchages et d'argile, et couronnée d'un toit de chaume. Elle peut se situer au centre d'un groupe de plusieurs maisons. Le chef y réside et y réunit ses principaux guerriers pour des assemblées ou des festins durant lesquels, assis en cercle, chacun puise lui-même sa nourriture dans un chaudron suspendu au-dessus du foyer central.

En cas de guerre cependant, le *dux bellorum* peut s'établir dans un camp fortifié. Généralement établi sur un site en hauteur déjà utilisé à des époques bien antérieures (Tintagel, Glastonbury), il se compose alors de plusieurs maisons bâties surtout en terre et en bois, et regroupées derrière une enceinte fortifiée. Palissades en bois, murs de pierre, ou pierres levées jetées pêle-mêle de façon à former un obstacle difficilement franchissable, elles sont censées protéger les guerriers d'un assaut ennemi ou d'un siège plus prolongé.

Ce site est donc une colline, un éperon rocheux ou même une simple levée de terre et de pierres entassées. « L'essentiel en est donc le rempart. Si les pentes sont abruptes, c'est uniquement le côté qui réunit l'éperon rocheux à la hauteur qu'il termine qui est fortifié, par une levée de terre et par un fossé. Le rempart peut également entourer la totalité ou une partie du sommet. Comme l'entrée est le point faible de tous ces systèmes, c'est donc l'endroit le mieux protégé. Cette entrée, disposée en chicane, s'ouvre souvent près d'un angle. Au-dessus de la porte, de gros madriers supportent un chemin de ronde et aussi des tours. Le chemin qui y mène est tracé de telle façon qu'un assaillant éventuel est obligé de longer le rempart en présentant au défenseur son flanc droit, celui qui n'est pas protégé par le bouclier [1]. »

D'autres constructions, plus ingénieuses encore, permettront une défense toujours plus efficace.

La guerre, au temps d'Arthur de Bretagne – celui des « Ages sombres » – conserve donc un caractère rudimentaire que les siècles sui-

1. Jean Markale, *op. cit.*

vants lui feront perdre peu à peu. Ce sont essentiellement des « combats de chefs ». Des *duces bellorum*, entourés de leurs parents, alliés ou clients, décidés à en découdre entre eux ou contre un envahisseur venu conquérir leurs territoires. Nulle armée régulière, nul professionnalisme. Ce sont aussi des chocs frontaux d'armées comptant de toute évidence sur le nombre et la puissance plutôt que sur l'intelligence et la manœuvre militaire. La violence y est anarchique et les règles inexistantes.

Les circonstances, il est vrai, se prêtaient à cet état de choses. Lorsque Arthur doit combattre les Pictes, les Scots ou les Saxons, les légions romaines ont quitté le territoire de l'Angleterre. L'ordre imposé par Rome, ses cadres juridiques, administratifs, civils et militaires ont volé en éclats. « Du coup, l'insécurité devint générale, nulle région ne put plus se dire à l'abri de la guerre ; chaque individu, chaque groupe social ou familial dut pourvoir à sa propre sécurité, défendre ses droits et ses intérêts par les armes [...] La différence s'estompa entre la guerre publique et la violence privée [...] entre la vendetta et le conflit mené par le roi au nom de son peuple[1]. »

SUS À L'ENNEMI !

Les choses vont bouger lentement au cours des siècles suivants.

Au XIIe siècle, l'Arthur de *Kaamelott* n'est plus un petit chef de guerre obsédé par sa bravoure au combat et par la reconnaissance admirative des guerriers qui l'accompagnent pour maintenir sur eux sa domination. Certes, mieux vaut pour sa réputation et son honneur

1. Philippe Contamine, *La Guerre au Moyen Age*, PUF, 1980.

qu'il fasse bonne figure sur le champ de bataille. Mais, les enjeux, la société et les conditions de la guerre ont changé.

Nous ne sommes plus aux temps barbares, mais à l'époque féodale. Le temps n'est pas loin qui verra naître les premiers Etats-nations. Un nouveau réseau de liens contractuels unit les hommes au sein d'un ensemble pyramidal globalement cohérent. Dès lors, il ne s'agit plus de se battre de façon anarchique. La guerre n'est plus un mode d'expression individuel ou collectif, encore moins un principe fondateur, mais une composante de la nature humaine qui exige d'être encadrée, limitée, organisée selon des lois.

Le guerrier celte – celui du VIe siècle encore ? – aspirait à gagner l'estime des dieux en faisant preuve de bravoure au combat. Le champ de bataille était son lieu de prédilection pour réaliser cette aspiration. Celui du XIIe siècle a compris, à travers le message chrétien, que la guerre était un mal, parfois nécessaire, parfois « juste », mais un mal tout de même.

Sur le champ de bataille, la situation a donc également changé.

Désormais, la cavalerie est devenue chevalerie, et cette chevalerie constitue une élite militaire dont le rôle n'a cessé de croître au sein de la société médiévale. Cette chevalerie est aussi un corps de professionnels de la guerre. Outre le serment de vassalité, les chevaliers doivent le service militaire à leur suzerain selon des périodes de temps variables et constituent l'« ost » du roi. En 1066, lors de la conquête de l'Angleterre, Guillaume le Conquérant exige ainsi de ses barons un service de deux mois en temps de guerre, et quarante jours en temps de paix, ce qui lui permet de compter sur plusieurs milliers de chevaliers à travers le royaume.

La situation économique florissante des XIe-XIIe siècles voit aussi se multiplier les « chevaliers-soldoiers », des professionnels de la guerre qui sont rémunérés pour leurs services sans qu'il existe entre eux et ceux qu'ils servent de liens de vassalité directe. La guerre se professionnalise. Au-delà des questions d'ordre ou de noblesse, est en fait considéré comme chevalier celui qui combat à cheval en chargeant l'ennemi et dispose pour cela de l'équipement nécessaire.

On tend cependant aujourd'hui à minimiser leur importance sur le terrain. Mais, n'est-ce pas surtout parce que les vraies batailles ont été assez rares au Moyen Age ? Jean Flori fait remarquer avec raison que « faire la guerre n'implique pas nécessairement de livrer bataille ». On ne se bat plus avec la même férocité que quelques siècles plus tôt non seulement parce que les envahisseurs ne sont plus légion, mais également parce qu'il ne s'agit plus de survivre dans une société en décomposition mais de vivre dans une société en ordre. Perdre la vie, et tout ce qui a pu être acquis (biens, fiefs, etc.) n'enthousiasme guère. Contrairement au temps des *duces bellorum*, « la plupart des opérations militaires consistent en sièges de villes, châteaux ou forteresses, indispensables pour tenir le pays ou affaiblir la capacité offensive de l'adversaire, et de razzias, destinées à ravager les terres de l'ennemi par la destruction ou l'incendie, afin d'affaiblir ses bases économiques et de réduire ainsi sa capacité de nuisance. Dans ces deux types d'opérations, les chevaliers intervenaient sans aucun doute, mais bien plus comme piétons ou archers que comme chevaliers, et elles ne donnaient pas lieu à exploits mémorables [1] ».

1. Jean Flori, *op. cit.*

Est-ce à dire que le rôle de la chevalerie doit être tenu pour négligeable lors de ces guerres médiévales ? Certes, non. Toutes les grandes batailles de cette époque (nous sommes aux XIIe-XIIIe siècles) montrent le contraire. Les charges de cavalerie décident souvent du sort de l'engagement. Elles permettent d'enfoncer les lignes ennemies, de semer la panique, voire de mettre ses adversaires en fuite. Aussi bien en Europe qu'au Proche-Orient durant les croisades, bien des chroniqueurs nous font le récit de ces charges impressionnantes qui emportent la victoire.

Groupés sur trois ou cinq rangs, une trentaine de chevaliers armés de lances et unis autour de leur bannière, forment une « bataille » ou « conroi » qui attaque l'ennemi frontalement. La force de pénétration de l'assaillant fait le reste.

Derrière, piétaille et valetaille sont bien contentes de voir cette chevalerie au prestige inégalé, constituer pour elles un rempart. D'ailleurs, pour un chevalier, combien de soldats à pied ? Sept à dix selon certains historiens, bien plus selon d'autres sources.

DES HOMMES D'ÉLITE

La plupart du temps, on l'a dit, la guerre se résume à un siège plus ou moins long au cours duquel les assiégés tentent plusieurs « sorties » ou même un baroud d'honneur. Parfois, ce sont les chevaliers eux-mêmes qui s'efforcent d'obtenir une reddition ou négocient à l'amiable. Peu de morts parmi eux, en ce cas, pas avant les grandes batailles de la guerre de Cent Ans. L'armure de combat qui offre une protection efficace, une volonté d'éviter tout affrontement inutile ou trop coûteux, le poids moral des nouvelles « lois » sur la guerre édictées par l'Eglise, tout est là pour limiter l'hécatombe.

Elle est beaucoup plus forte en revanche dans les rangs des piétons. Ceux-ci, chargés de combattre au sol, lorsqu'ils ne jouent pas aux terrassiers au pied du château assiégé, sont les premiers à monter à l'assaut des remparts et à éprouver des pertes sérieuses. Pourtant, ils sont tenus dans un mépris relatif par l'élite chevaleresque.

Les chevaliers, en effet, sont devenus en tous points des seigneurs, et pas seulement des « chefs de guerre ». Ils constituent une aristocratie au sens propre comme au figuré.

Car, être chevalier a également un prix ! Jusqu'au IXe siècle, un cheval de guerre en moyenne vaut l'équivalent de quatre bœufs. Mais, ce n'est rien à côté du haubert – une cotte de mailles qui protège le corps jusqu'à mi-cuisses – et qui, lui, en vaut cinq à seize ! D'après les calculs effectués par les historiens, si l'on ajoute à cela le heaume et l'épée, on parvient à une équivalence en prix de revient à celui d'une trentaine de bœufs.

Ce coût ira bien sûr en augmentant tout au long des XIIe-XIIIe siècles. Le prix de l'armure, celui de plusieurs chevaux de combat, l'entretien des écuyers et des servants d'armes – à quoi s'ajoute la cérémonie de l'adoubement et l'obligation de « tenir son rang » – finissent par représenter un budget tel que, dès le XIIIe siècle, en Angleterre comme en France, beaucoup de vassaux renoncent au service armé en tant que chevaliers. Ils préfèrent payer une taxe – l'« écuage » – permettant à leur suzerain d'engager des chevaliers soldés disposant de leur propre équipement. Un phénomène qui aboutira à la constitution de troupes mercenaires venant en force d'appoint à l'ost féodal.

On estime ainsi que, au XIIe siècle, l'entretien d'un chevalier est l'équivalent du revenu annuel d'une seigneurie de taille moyenne, ou encore d'une exploitation de 150 hectares. Une fortune ! Les chevaliers ne sont donc plus seulement des seigneurs de guerre au sens martial du terme, mais également au sens aristocratique et financier.

Observons-les, ces chevaliers parvenus sur le champ de bataille. Dressés sur leurs chevaux de 600 kilos – ils sont recouverts de mailles ou de cuir – piaffant d'impatience, tout de fer et de cuir bardés eux aussi, ils disposent d'un armement offensif et défensif qui, contrairement à une certaine légende, leur permet de combattre aussi bien à cheval qu'à pied. Ce ne sont pas ces « lourdauds » handicapés au combat dès qu'ils sont jetés à terre que s'est plu à imaginer un certain cinéma.

Avec le casque, le haubert est la principale protection du chevalier, du moins contre les coups d'épée, car contre la puissance d'une lance, d'une flèche ou d'une hache, il ne peut rien. Il ne pèse qu'entre 12 et 15 kilos, ce qui, pour un chevalier normalement robuste, assure une relative liberté de mouvement. Constitué de mailles entrelacées – entre 20 000 et 200 000 ! – on lui adjoint bientôt d'autres accessoires : chausses, manches, mitaines, également en mailles. Par-dessus cet équipement, le chevalier porte également une cotte d'armes souvent décorée de ses armoiries.

Au XIIIe siècle, le haubert est renforcé par des parties métalliques ou en cuir bouilli recouvrant la poitrine, le dos et les bras.

Le casque, lui, est alors généralement conçu sur le modèle anglonormand, sphérique et conique. Porté sur une coiffe de mailles, on lui adjoindra plus tard des protections nasales et faciales destinées à parer les coups d'épée ou de hache assenés de haut en bas. Ce n'est qu'au XIIIe siècle qu'il deviendra ce heaume complètement fermé et ne disposant que de deux fentes pour les yeux.

Ce harnachement permet, en revanche, de réduire la taille des boucliers qui, chez les Barbares, pouvaient être aussi hauts que le combattant lui-même.

L'imagerie populaire du chevalier en armure complète, incapable de se mouvoir dès qu'il se retrouve au sol, est donc fausse. Les armures de plus de 60 kilos ne sont revêtues que pour les tournois, et non à la guerre. Ce n'est qu'au XVe siècle, et non au temps d'Arthur, que les derniers chevaliers seront bardés de fer des pieds à la tête.

Pour attaquer et se défendre, le chevalier dispose en outre d'une panoplie d'armes très différentes. D'abord, la lance. C'est elle qui lui permet de porter les coups décisifs lors de la charge. D'une longueur n'excédant pas les 2,50 mètres jusqu'au XIIIe siècle, elle est généralement en bois de frêne ou de hêtre et munie d'une pointe à double tranchant.

Lorsque la lance ne peut être utilisée, c'est l'épée qui prend le relais. Cette épée à laquelle le chevalier a donné – comme à sa monture d'ailleurs – un nom : Excalibur pour Arthur, Durandal pour Roland, Joyeuse pour Charlemagne.

Au XIIe siècle, cette épée mesure environ 1 mètre de long et pèse entre 1 000 et 1 800 grammes. Elle est dotée d'une lame à double tranchant évidée sur toute sa longueur, ce qui en allège encore le poids. A son extrémité, sa poignée de bois, de corne, ou d'os, est gainée de cuir et assortie d'un pommeau rond qui lui assure un meilleur équilibre. Deux cents heures de travail au moins sont nécessaires à la réalisation d'une telle arme. C'est dire l'importance qu'on lui accorde et l'attention que lui porte le chevalier.

En combat au corps à corps, c'est l'épée qui est le moyen le plus sûr pour le chevalier d'assurer sa survie. De même que la dague qui lui permettra d'achever ses adversaires.

Les récits des chroniqueurs sont d'ailleurs remplis d'exploits de chevalerie où l'épée joue le second rôle. Guillaume de Tyr raconte ainsi que lors de la première croisade (1097-1099), à la bataille d'Antioche livrée contre les Turcs, le duc Godefroy de Bouillon frappa l'un de ses ennemis « au niveau du nombril, si bien que la moitié de dessus tomba à terre tandis que l'autre moitié resta sur le cheval, qui se précipita dans la ville avec les autres. Et sachez que ce Turc était armé d'un haubert bon et fort ». Plus loin, il raconte encore que, lors d'un autre affrontement, l'empereur Baudouin « était à pied et tenait dans sa main une bonne épée. Il en frappa le Turc entre le cou et l'épaule gauche, de sorte que l'épée descendit à travers la poitrine jusqu'au flanc droit, et que tomba à terre la moitié qui comportait la tête, le cou et le bras droit ».

Quelle que soit la part d'exagération inhérente à ces récits, l'épée est sans nul doute l'arme la plus redoutable entre les mains d'un chevalier aguerri. D'où la vénération d'Arthur dans *Kaamelott* pour Excalibur qui, en outre, est une épée magique digne d'un *Star Wars* médiéval !

L'épée n'est cependant pas la seule arme dont le chevalier dispose dans le combat à pied. La hache, la masse d'armes, peuvent également se montrer redoutables et meurtrières. Aussi, les amputations après blessures, par de telles armes, ne sont-elles pas rares.

Dans sa forme la plus ordinaire, la hache se compose d'une lame métallique que termine un tranchant parallèle au manche. Connue sous le nom de « cognée », elle est dotée d'un fer beaucoup plus lourd en forme de coin. A la bataille de Hastings (1066) il est dit que les chevaliers et soldats du roi Harold étaient munis de telles haches et que la victoire faillit échapper à Guillaume à cause de leur dextérité dans le maniement de cette arme terrible.

Les autres armes sont plus fréquemment employées par les fantassins : l'arc, l'arbalète, l'épieu, la pique longue et même la faux – l'outil paysan par excellence – qui permet de stopper la charge des chevaux.

Ces soldats combattent à l'épée et disposent de protections : chapeau de fer, bouclier, haubergeron (cotte de mailles couvrant le cou et les épaules). Certains, enfin, luttent contre l'ennemi « mal armés et tous nus », faute de moyens.

N'imaginons donc pas, même au XIIe siècle, des armées professionnelles parfaitement constituées. Ce ne sont plus celles du VIe siècle, certes, mais elles utilisent les mêmes armes de base. Elles sont plus structurées, mais c'est surtout le sens de la guerre qui a changé plus que sa technique.

En réalité, au XIIe siècle on évite davantage de faire la guerre qu'au VIe. Si l'on évoque les croisades, ou certaines guerres continentales, force est de constater qu'elles n'engagent pas de troupes dont l'importance numérique pourrait nous étonner. A Hastings, Guillaume le Conquérant dispose approximativement de sept mille hommes, moitié chevaliers, moitié archers et fantassins. Le nombre des tués est en proportion. Même durant les croisades, les plus grandes batailles ne sont en aucun cas des hécatombes. Le nombre de morts civils, en revanche, augmente. Les chroniqueurs ne s'effrayent pas des pertes de chevaliers ou de fantassins morts au combat, mais des éventuels massacres perpétrés lors de la prise d'une ville, comme à Jérusalem en 1099.

Au XIIe siècle, plus paisible que les « Ages sombres » de l'île de Bretagne, ce sont surtout les guerres intestines qui subsistent. Ces affrontements entre petits ou grands féodaux qui exaspèrent l'Eglise et l'incitent à réglementer la guerre en la christianisant. En réalité, les grands conflits sont rares.

Ce que montre *Kaamelott* – du point de vue médiéval – correspond donc à une réalité. La guerre y est toujours à l'arrière-plan, mais elle n'est qu'un « bruit de fond ». La multiplication, à l'époque féodale, des principautés comme des petites seigneuries, a permis l'éclosion de guerres privées qui ne sont jamais que des guerres larvées ou des conflits à court terme. L'époque n'est pas calme, mais le chaudron dans lequel Arthur partageait autrefois son repas avec ses chevaliers, n'a rien non plus d'un chaudron de sorcière.

On oublie un peu trop souvent, en effet, le caractère peu meurtrier des conflits à l'époque médiévale pour ne retenir que la brutalité apparente de la guerre. Ce ne sont le plus souvent que des escarmouches, des pillages, des incendies, des sièges, mais dont l'importance et la durée sont limitées dans le temps. Si une victime sur dix est alors un civil, le XXe siècle inversera les rapports : neuf victimes sur dix de nos conflits actuels sont des civils.

Guenièvre peut donc dormir tranquille et songer à sa pâte d'amande ou à son petit peigne en argent, Arthur veille. Derrière les murs fortifiés de Kaamelott, et contrairement à une image déformée d'un Moyen Age décrit systématiquement en guerre, sous-alimenté ou au bord de la ruine, Guenièvre a peut-être passé la plus grande partie de sa vie sans entendre le bruit des armes autrement que lors d'un tournoi.

QUAND ARTHUR BALISTE !

Point de grandes batailles donc, et point de morts par dizaines de milliers.

Les Xe-XIIIe siècles marquent en réalité une pause entre la fin des grandes invasions et la reprise des hostilités sur une échelle plus importante à la fin du Moyen Age.

On se bat face à face lors de batailles qui ne rassemblent guère que quelques milliers d'hommes... ou quelques dizaines !

D'ailleurs, la guerre – au niveau local – lorsqu'elle est inévitable, est la plupart du temps affaire de vengeance et non de violence gratuite. Il s'agit de résoudre un conflit par les armes, et non de prouver que l'on est le plus brave pour asseoir son pouvoir. L'épée n'est plus le prolongement naturel du guerrier, mais la manifestation d'une justice.

La guerre a changé parce que l'ordre social et politique a changé. Un ordre nouveau qui s'incarne, à l'époque féodale, dans un symbole : le château.

A partir du Xe siècle, la guerre de siège prend donc une ampleur qu'elle ne connaissait pas jusque-là. Arthur n'est plus ce libre guerrier qui se déplaçait avec sa cavalerie à travers l'île de Bretagne pour y réprimer des désordres et repousser l'envahisseur saxon, il est devenu un seigneur sédentaire, un châtelain en conflit avec d'autres seigneurs, d'autres châtelains.

Le phénomène est très sensible dans *Kaamelott* qui, une fois encore, joue sur deux registres. Arthur est un chef de guerre entouré d'autres chefs de guerre qui siègent à la Table ronde ; il doit affronter des chefs de clan, mais il doit également faire face à des sièges qui exigent un armement plus sophistiqué. Si Excalibur lui suffit pour combattre les dragons des tunnels, si la diplomatie lui permet de convaincre Attila de ne pas mettre le château à sac, si le chef burgonde reçu à sa table paraît apprécier davantage les nourritures terrestres que la guerre ouverte, Arthur doit malgré tout se soucier de défendre *Kaamelott.*

Un homme s'en soucie également, et même plus que lui : le va-t-en-guerre Léodagan, le père de la reine Guenièvre. Celui-ci envisage de faire construire des tourelles tout autour de l'île de Bretagne. Dans plusieurs épisodes de la série, il tente également de convaincre Arthur de s'équiper de nouvelles armes qui ont pour noms balistes et mangonneaux.

Des armes quelque peu encombrantes.

Léodagan : *Je crois qu'on a tous conscience qu'il est important de s'équiper, de s'équiper vite, de s'équiper en masse : c'est aussi en possédant des machines comme celle-ci qu'on saura se distinguer des pays voisins et conserver notre réputation en matière de défense.*

Arthur (incrédule) *: C'est quand même une arme de siège !*

Léodagan : *C'est une arme de siège si vous faites un siège, avec ! Rien ne vous empêche de la sortir quand on subit le siège, nous, pour user les premières lignes en face.*

Arthur : *Il faut être combien pour un truc de cette taille ?*

Léodagan : *Bah, un chef balistaire et douze servants !*

Stupeur générale.

Léodagan : *Ah bah, c'est pas un lance-pierres, c'est sûr*[1] *!*

Certes, pas. Puisque, selon Léodagan, la cadence de tir est d'un coup toutes les deux heures...

En réalité, la guerre de siège exigera de plus en plus de machines qui constitueront les premiers rudiments d'artillerie militaire.

Car, un siège – même s'il ne met pas en jeu des forces considérables sur le plan numérique – peut être une entreprise difficile, voire de longue haleine. On peut, bien sûr, attendre que les défenseurs du château ou de la ville assiégée soient affamés, assoiffés, ou décident de se rendre. On peut aussi tenter de forcer le destin.

C'est ici que balistes et mangonneaux entrent en action.

Avant cela – ou conjointement – d'autres machines auront été utilisées. Des machines à torsion, par exemple, qui ressemblent à d'énormes arbalètes, ou des machines qui permettent d'approcher les murailles telles que beffrois ou tours en bois.

Mais, quel est d'abord ce château que l'on assiège ?

Entre l'époque d'Arthur et le Xe siècle, ce sont surtout ce qu'il est convenu d'appeler des mottes fortifiées, construites sur un éperon rocheux, une butte, ou un plateau. Un document qui concerne la Flandre au début du XIIe siècle nous précise que c'est l'habitude alors de « faire en amoncelant de la terre, une motte aussi élevée qu'ils en sont capables ; de creuser tout autour un fossé aussi large que pos-

1. *Kaamelott*, livre III, tome 2, épisode 35.

sible et d'une grande profondeur ; de fortifier cette motte, sur toute la périphérie de son espace terminal au moyen d'une palissade de planches très solidement assemblées, en guise de murailles ; d'en garnir le pourtour, autant qu'il est possible, de tours ; à l'intérieur de la palissade, au centre, d'édifier une maison ou plutôt une forteresse, qui domine l'ensemble, disposée de telle sorte que la porte d'entrée de ladite demeure ne soit accessible que par un pont[1] »...

On est loin, on le voit du château de Kaamelott en bonnes pierres d'Irlande. Ce n'est qu'à partir du XIe siècle que les constructions en pierre vont, peu à peu, se généraliser. Plus tard encore ils deviendront ces châteaux fortifiés que nous pouvons aujourd'hui encore admirer avec herse et pont-levis.

Dès le XIe siècle, un siège exige fatalement l'emploi de plus en plus fréquent de véritables machines de guerre qui permettent d'entamer des murs de plusieurs mètres d'épaisseur.

On utilise encore malgré tout des pierriers – à traction humaine – qui peuvent projeter des boulets de 3 à 12 kilos à une distance comprise entre 40 et 80 mètres. C'est peu, et le nombre des servants reste important : entre 8 et 16. La cadence des tirs – un par minute –, elle, est avantageuse. Ces tirs ne sont pas destinés d'ailleurs à « écorner » les murailles de Kaamelott, mais à tuer ses défenseurs, voire à stopper un chevalier en pleine charge.

Dès lors que l'on veut prendre un château d'assaut, le matériel indispensable change de nature. Balistes, mangonneaux, trébuchets sont là pour ça.

---

1. Jean Markale, *op. cit.*

Le mangonneau cher à Léodagan est une machine de jets utilisant un contrepoids fixe de plusieurs tonnes. Il exige un système important de poulies et de treuils pour le réarmer. Surtout, il demande une bonne douzaine d'hommes pour le manœuvrer. Sa portée est de 150 à 200 mètres, et sa cadence de tirs n'excède pas 2 ou 3 jets à l'heure pour des boulets d'une centaine de kilos.

Le trébuchet a, lui, une portée supérieure – jusqu'à 220, 250 mètres – et peut expédier sur l'ennemi des boulets de 140 kilos. Sa cadence de tir est la même. Seul inconvénient : toutes fonctions confondues, il faut entre 60 et 100 hommes pour le manœuvrer.

Ces machines, on le voit, sont lourdes et difficilement utilisables. Si Léodagan se permet de faire construire une baliste à l'intérieur de Kaamelott au point de devoir faire abattre la grande porte du château pour la faire sortir, s'il commande des mangonneaux comme d'autres des arbalètes, de tels engins de guerre ne sont utilisés en réalité que pour des sièges importants. Certains, de peu de solidité, sont d'ailleurs construits sur le terrain même et non pas amenés avec les armées assiégeantes.

La guerre, à mesure que l'on s'approche de la fin du Moyen Age, exige donc des moyens de plus en plus lourds, elle est moins mobile qu'au temps des chevauchées barbares d'Arthur sur l'île de Bretagne. Guerre de position, bien plus que guerre de batailles rangées.

La féodalité, appuyée sur l'Eglise du Dieu unique, y met également un frein, et c'est sans doute ce frein moral – et mental – qui a changé la nature de la guerre depuis le VIe siècle, bien plus que l'évolution technique de l'art de la guerre lui-même.

Au gré des épisodes de *Kaamelott*, on devine parfois une nostalgie très « celte » de l'époque où ce frein n'existait pas. Dans un épisode intitulé « L'Alliance », Léodagan se fait en quelque sorte le porte-parole de cette nostalgie. Arthur se plaignant de conflits récurrents avec des chefs de clan, Léodagan se montre dubitatif.

Léodagan : *Cette idée de fédérer les chefs de clan aussi... Je vous ai dit, le seul moyen de les fédérer c'est de tout faire cramer.*

Arthur (inquiet) : *Il faut absolument qu'on mate la révolte.*

Et Léodagan, imperturbable : *Cramez tout, il y aura pas de révolte...*

Tout cramer, massacrer, revenir au bon temps de la guerre sans foi ni loi ? Certains chevaliers sauront s'en souvenir. Durant les croisades notamment.

GUENIÈVRE
Du pouvoir des reines

De mauvaise humeur contre la reine Guenièvre, le roi Arthur, dans *Kaamelott*, n'y va pas par quatre chemins :

Arthur : *C'est parce que je cherche le Graal que je suis roi, et du coup vous êtes reine. Sinon, vous seriez encore en Carmélide à torcher le cul des vaches dans une des fermes de votre père !*

Pauvre Guenièvre !

A l'écran, la voilà reine mal aimée, amoureuse mais toujours innocente des choses de l'amour, délaissée et sans enfants, femme-potiche, prisonnière du château de Kaamelott, prisonnière d'Arthur et prisonnière de ses parents – Léodagan et Seli – qui l'ont offerte en sacrifice à Arthur de Bretagne en échange d'obscures alliances politiques, contrainte de supporter les nombreuses maîtresses de son mari. Une reine qui n'a de reine que le nom, sans aucun droit ni aucune influence.

Guenièvre ou Guemièvre ?...

Le personnage, tout au long des épisodes, n'apparaît guère à son avantage.

Et pourtant !

« C'était certainement la plus belle fille qui fût alors en Bretagne la Bleue ; sous sa couronne d'or et de pierreries, son visage semblait frais et doucement coloré de blanc et de vermeil. Quant à son corps, il n'était ni trop gras ni trop maigre, avec des épaules droites et polies, des bras longs et potelés, des mains blanches et fines. C'était une joie de pouvoir la regarder. Mais, si elle était la beauté, elle était également la bonté, la largesse, la courtoisie, l'intelligence, la valeur et la douceur, cela se remarquait au premier coup d'œil. » Ainsi s'exprime l'auteur anonyme d'un roman du XIIIe siècle appartenant au Cycle du Graal.

En traçant ce portrait flatteur et flatté de la reine Guenièvre, l'auteur ne fait cependant que décrire la femme idéale telle qu'on la conçoit au XIIIe siècle. Cette Guenièvre est une reine fantasmée. Chrétien de Troyes ira encore plus loin dans son *Perceval*, vers 1190, puisqu'il fait tenir à Gauvain, neveu d'Arthur, des propos encore plus laudateurs : « Depuis la première femme qui fut formée de la côte d'Adam, il n'y eut jamais de dame si renommée [...] D'elle descend tout le bien du monde, elle en est la source et l'origine. Nul ne put la quitter qui s'en aille découragé. Elle sait ce que chacun veut et le moyen de plaire à chacun selon ses désirs. »

Mais, qui est donc réellement Guenièvre ? Contemporaine d'Arthur, elle est donnée pour la fille de Léodagan, roi de Carmélide. En Bretagne armoricaine ? Arthur l'aurait rencontrée lors d'une de ses expéditions destinée à défendre les royaumes de ses alliés, Ban de Benoïc et Bohort de Gaunes. Et là, tombé amoureux de la jeune femme, il l'aurait épousée contre l'avis de Merlin qui voyait en elle la future « fossoyeuse » du royaume de Bretagne.

On connaît la suite. De nombreux épisodes nous sont rapportés par la littérature arthurienne de la vie de Guenièvre, tantôt reine et femme inoubliable pour tous ceux qui l'approchent, tantôt Messaline adonnée aux joies terribles de l'adultère et responsable de tous les malheurs du royaume de Bretagne. Une femme mi-ange mi-démon, ange lorsqu'elle incarne les vertus de la femme chrétienne du XIIe siècle, démon lorsqu'elle exhale les parfums sulfureux du paganisme en se livrant à l'adultère avec le chevalier Lancelot.

Guenièvre est, par essence, une femme ambiguë. Pourtant, elle est aussi très clairement l'antithèse de Morgane, la sœur d'Arthur qui, elle, incarne tous les vices possibles du paganisme diabolisé à l'extrême par la religion du Dieu unique.

Guenièvre correspond donc bien à son patronyme. Son nom est construit sur une racine brittonique, *gwen*, qui signifie blanc, blond, beau, mais aussi racé, c'est-à-dire de noble origine. Appelée *Gwenhwyfar* en gallois, elle est qualifiée de « blanc fantôme » ou « blanc aspect », c'est-à-dire de dame blanche.

GUENIÈVRE EN LIBERTÉ

Si Guenièvre a bien été la contemporaine et l'épouse d'Arthur de Bretagne, alors il est peu probable qu'elle ait ressemblé au personnage de *Kaamelott*. En réalité, le fantôme de Guenièvre nous échappe. Mais, puisque Arthur de Bretagne est un barbare, alors il nous faut l'imaginer comme une reine barbare.

Dans la civilisation celtique, en effet, le rôle de la femme apparaît très différent de celui qu'elle joue au sein de la société romaine, beaucoup plus patriarcale et masculine.

Certes, la royauté y est également l'affaire des hommes. C'est l'homme qui est chef de guerre, de tribu, de clan, de famille. L'ancien, partout, dirige. Mais, cette autorité n'est, dans certains domaines, qu'une apparence de pouvoir bien plus qu'un pouvoir réel.

Si les hommes, dès l'âge de quatorze ans, ont le droit de posséder et sont libres de leurs actes, les lois galloises permettent aux filles de convoler dès l'âge de douze ans. Des textes, il ressort également qu'elles ont la possibilité de choisir leur mari. Il est même impossible de leur en imposer un sans leur consentement.

Le mariage, en outre, est un contrat qui se doit d'être équitable. Certes, il est conclu entre deux familles qui ont respectivement droit de regard sur celui-ci, mais les droits de l'épousée sont tout aussi représentés que ceux du mari. César nous apprend ainsi que, chez les Celtes de Gaule, « quand un homme veut épouser une femme, il doit payer une certaine somme ; mais, de son côté, la femme doit donner le même montant. Tous les ans, on fait le compte de la fortune des deux parties. On garde les fruits qui en procèdent et c'est l'époux survivant qui jouira de la part qui était sienne, augmentée de tous les fruits du temps précédent ».

Lorsque la femme reçoit un douaire, c'est-à-dire l'ensemble des cadeaux que lui a remis son mari, ce douaire lui reste acquis, même en cas de séparation. Car, ce qu'acquiert le mari au moment du mariage ne concerne que le corps de la femme et les enfants à naître du couple. L'épouse en pays celtique n'entre pas dans la famille du mari, et ne lui appartient jamais, contrairement à la femme romaine.

Cette législation explique la facilité avec laquelle les Celtes divorcent en cas de mésentente. Le mariage, il est vrai – et ce sera le cas pendant encore longtemps, même lorsqu'ils se seront convertis à la religion du Dieu unique –, n'a pas de caractère religieux ou sacré. Il s'agit seulement d'un contrat social, d'une sorte d'union librement consentie et régie par des lois. Que ces lois viennent à être bafouées, que les clauses du contrat ne soient pas respectées, et le mariage peut être déclaré nul. En cas d'adultère, une femme peut très facilement obtenir le divorce. Chez les Irlandais et les Gallois, le divorce par consentement mutuel est ainsi parfaitement légal.

De même, la polygamie étant assez courante, le concubinage est autorisé. Lorsqu'un homme désire acheter une autre femme et que la première ne lui a pas donné de motifs d'insatisfaction, cette dernière touchera le prix d'achat de la nouvelle concubine. Par ailleurs, cette nouvelle épouse n'aura aucun droit par rapport à l'épouse en titre. Elle peut même se voir associée aux tâches domestiques et se voir refuser le droit d'habiter au domicile de son concubin.

L'homme et la femme celtes, au sein de cette unité de base que constitue la famille, jouissent donc d'une égalité sans commune mesure avec les « libertés » autorisées par le droit romain.

Dans le cas où la femme serait de plus haute naissance et de plus grande fortune que son époux, c'est même elle qui devient le véritable chef de famille. Elle peut en quelque sorte lui imposer sa loi. Dans ce dernier cas, le mari est alors appelé « homme de service » ou « homme sans puissance de femme ».

Ces femmes qui sont les égales des hommes le sont aussi dans bien d'autres domaines que la seule cellule familiale. La liberté sexuelle des femmes celtes a toujours été vantée et aucune morale puritaine ne vient alors la condamner, pas plus que ne sont condamnées les prostituées ou les femmes qui deviennent, selon des contrats établis, la concubine d'un homme marié pendant une période d'essai – renouvelable – de une année.

On retrouve la trace de cette liberté dans *Kaamelott* à plusieurs reprises, bien que observées surtout d'un point de vue masculin, ainsi, lorsque Arthur, qui vit aux yeux de tous, et sans que cela gêne Guenièvre, en concubinage avec Demetra ou avec les jumelles du pêcheur, se refuse à signer la loi condamnant la polygamie que lui propose le répurgateur.

Arthur : *Je vais réfléchir encore un peu.*

Protestation du répurgateur.

Lancelot : *Moi, j'avais jamais entendu parler de ça, mais... oui pourquoi pas ?*

Blaise : *C'est moderne.*

Arthur : *Oui, voilà, c'est intéressant, mais il faut être sûr que ce soit pas trop moderne.*

Lorsqu'il évoque le sujet devant Guenièvre, celle-ci se range d'ailleurs à son avis.

Guenièvre : *Une seule femme, quelle idée ? Et puis vous vous ennuieriez avec une seule femme...*

Mais, après un instant de réflexion :

Guenièvre : *Par contre, il y a une chose à laquelle on pourrait réfléchir, c'est à autoriser la polyandrie pour les femmes.*

Et là, Arthur s'y montre radicalement opposé.

Arthur : *Non... Parce que ! Non, mais après... vous vous rendez compte*[1] *?*

---

1. *Kaamelott*, livre I, tome 1, épisode 14.

L'adhésion au Dieu unique ne changera d'ailleurs pas les mentalités du jour au lendemain, au grand dam du clergé continental beaucoup plus lié à la politique romaine.

DES LOIS STRICTES ET APPLIQUÉES

Les femmes ne sont pourtant pas réduites à ce choix entre femmes légitimes et concubines. Elles s'occupent également de l'éducation des enfants, peuvent s'associer à des fonctions sacerdotales – devenir religieuses, prophétesses ou magiciennes. Les barrières, là encore, sont bien moindres que dans le monde latin.

Et que dire de ces femmes décrites par Ammien Marcellin et qui ne dédaignent pas de prêter main-forte aux hommes sur le champ de bataille ou dans des rixes privées. « Il faut voir ces viragos, écrit-il, les veines du cou gonflées par la rage, balancer leurs bras robustes d'une blancheur de neige, et jouer des pieds et des poings, assenant des coups qui semblent partir de la détente d'une catapulte. » Les femmes des Marcomans, celles des Goths, n'hésitent pas elles non plus à prendre les armes, car la violence ne fait pas partie exclusivement du quotidien des hommes. Certains noms de reines barbares évoquent d'ailleurs cette « humeur guerrière » : Clothilde – « glorieux combat » – Frédégonde – « paix et guerre » – ou encore Brunehilde – « armure de combat ».

Ces femmes semblent, en effet, de tous les combats, y compris les plus rudes. Elles peuvent occuper toutes les fonctions, accéder à tous les rangs de la société. Au sommet de la pyramide, par exemple – même si la royauté demeure d'essence masculine – la reine celte joue un rôle capital. Si elle est de lignée royale, et à condition d'être élue, elle peut régner, et associer son mari au pouvoir. On assiste là à une inversion des rôles, en quelque sorte. Les lois galloises précisent enfin qu'elle doit recevoir un tiers des butins de guerre pour son compte personnel. De même, elle a droit au tiers des amendes pénales prononcées au titre de réparations, que ce soit en argent, en bijoux ou en têtes de bétail.

Le respect dont jouit la femme – toutes les femmes ? – n'est pas alors un vain mot, contrairement à une légende noire du Moyen Age. Eliane Viennot, qui a étudié les codes barbares, montre que le statut – au moins théorique – de la femme du VIe siècle est loin d'être inférieur à celui de l'homme. Ces codes la mettent au contraire à égalité. Et les dispositions légales sont nombreuses qui en font foi. Ces Barbares (Arthur et Guenièvre ne sont rien d'autre que cela) ne laissent-ils pas d'ailleurs à chacun – homme et femme libre – le choix de la loi selon laquelle ils seront jugés ?

Ainsi, s'il en coûte 100 à 200 sous d'or chez les Lombards de tuer un homme, refuser la femme à laquelle on est déjà fiancé coûte plus du double (500 sous). Chez les Alamans, le meurtre d'une femme enceinte est puni, certes, mais si le fœtus qu'elle porte est de sexe mâle, la perte de ce fœtus vaut 12 sous, 24 s'il s'agit d'un fœtus de sexe féminin. Les insultes sont punies. Traiter une femme de « putain » chez les Francs coûte 45 sous ! Chez ces mêmes Francs, le meurtre des enfants vaut 600 sous, mais celui d'un garçon après l'âge de douze ans ne vaut que 200 sous, alors que le prix attaché à la vie d'une fille demeure inchangé et monte à 700 sous si elle enceinte.

La valeur attribuée aux femmes est si grande que les rapts et les viols sont sévèrement condamnés. Le harcèlement sexuel lui-même est réprimé. Chez les Francs, toucher volontairement la main d'une femme libre peut coûter à l'audacieux une amende de 15 sous, 45 s'il s'est aventuré jusqu'à la poitrine !

Comme le remarque très justement l'historienne Eliane Viennot : « [...] s'il est clair que seuls parvenaient devant les juges les conflits ouverts, et que toutes les femmes ne disposaient pas des moyens matériels ou psychologiques de faire appliquer la loi à leur profit, c'est tout de même cette loi-là qui arbitrait symboliquement, quand ce n'était pas concrètement, les rapports entre les sexes ; c'est tout de même cette représentation-là de la valeur des sexes qui était donnée comme la norme (d'autant que c'était celle des dominants) – ce dont beaucoup de femmes de la Renaissance ou du XIXe siècle se seraient sans doute contentées [1] ».

Cette liberté, ces droits, cette égalité, qui nous semblent si modernes, la femme celte en a bénéficié pendant des siècles. Le Moyen Age, en raison de la puissance montante des clercs et du retour au droit romain, va lui en ôter une partie. D'une société équilibrée entre patriarcat et matriarcat, elle va devoir s'adapter à une société de plus en plus dominée par les hommes. En apparence du moins.

Les « viragos » d'Ammien Marcellin vont-elles cependant se transformer tout à coup en douces et inoffensives colombes ? Voire ! La Guenièvre de *Kaamelott*, à quelques détails près, semble pourtant à l'évidence appartenir à la seconde catégorie.

1. Eliane Viennot, *La France, les femmes et le pouvoir*, Perrin, 2006.

LE « BLANC FANTÔME »

Car la Guenièvre qui hante les couloirs de Kaamelott et partage le lit d'Arthur, n'a que peu de rapports avec cette guerrière insoumise et libre, toute nourrie de principes égalitaires, que nous venons de quitter. On voit même assez mal comment l'on pourrait les comparer ?

Dix siècles, il est vrai, se sont écoulés depuis que les Barbares venus de l'Est se sont installés dans toute l'Europe. Or, la mise en place de structures féodales, certes, va peu à peu modifier les rapports entre homme et femme. Mais, dans quel sens ?

Longtemps, on a cru à l'image d'une femme médiévale dominée par l'homme, cantonnée à la sphère privée et ne disposant quasiment d'aucun droit en dehors de limites familiales très étroites. Nous savons aujourd'hui qu'il n'en est rien. La période féodale montre au contraire une mise en lumière spectaculaire du pouvoir des femmes, si spectaculaire qu'elle provoquera, après le XIIIe siècle, une sorte de « choc en retour ».

La féodalité va, en effet, dégager de nouvelles règles. Dans le chaos du XIe siècle, les structures qui se sont mises en place affectent tous les rapports. « L'affaissement des autorités centrales, la formation d'élites nouvelles reposant sur des politiques familiales, la volonté de reconquête qui anime à nouveau l'Eglise, la part d'improvisation que laisse la lutte fratricide au sommet de l'Etat ne peuvent que renforcer les marges de manœuvre des femmes les plus intelligentes et les mieux pourvues socialement[1]. »

1. Eliane Viennot, *op. cit.*

Cet accroissement de pouvoir, la femme le doit au nouveau mode de transmission des charges (*honores*) de comte ou de duc, par exemple. Les aristocraties locales, profitant de la faiblesse du pouvoir central, vont en imposer l'hérédité, fût-ce en faveur d'héritiers trop jeunes au dépens de parents collatéraux (oncle, frère, neveu). D'où le rôle capital, dans ces nouveaux modes de transmission, des aînés comme des femmes.

Bien sûr, le plus souvent, la charge est transmise à l'aîné des garçons avec les biens qui lui sont inhérents, donnant ainsi naissance à des lignages. Mais la concentration entre les mains d'un seul homme du pouvoir autrefois distribué entre plusieurs collatéraux renforce également celui des femmes. L'épouse exerce déjà ce pouvoir en tant que femme mariée. Que le mari vienne à mourir le premier – chose fréquente – et c'est elle qui sera le nouveau chef de famille et en exercera pleinement les droits.

Il faut une raison sérieuse – décès, âge trop précoce ou incapacité manifeste de l'héritière – pour que ce soit un oncle – et encore maternel ! – qui assume la charge en question.

Autre point capital, les filles peuvent hériter de ces charges, ce qui est le cas lorsque leurs frères sont morts ou qu'ils n'ont pas eu eux-mêmes d'héritiers avant leur décès. La transmission des fiefs par les filles se met donc en place dès le XIe siècle.

Du point de vue du mariage, la femme est également favorisée. D'abord, loin de l'imagerie facile qui tendrait à nous faire croire à une généralisation des mariages forcés, l'accord de la femme est sollicité. Mais, surtout, ces filles à marier sont recherchées avec avidité par des vassaux désireux de mettre la main sur une noble héritière. La démarche est ascensionnelle, pourrait-on dire. Le mari est donc très souvent un inférieur ou un égal de son épouse. C'est elle qui lui permet de gravir les degrés de l'échelle sociale, elle qui le fait entrer dans un cercle nobiliaire plus avantageux, elle qui lui apporte biens et richesses de même que les pouvoirs qui leur sont liés.

On se doute bien que, dans une telle perspective, la chasse aux héritières soit un souci de tous les instants pour les prétendants. En épouser une est si valorisant que le douaire est constitué sur les biens de l'époux. Certes, elle n'en est plus, comme au temps barbares, propriétaire, elle n'en a que l'usufruit et ses enfants en hériteront après elle. Mais, selon la coutume, ce douaire peut tout de même correspondre à un tiers, voire à une moitié des biens propres du mari !

On voit mieux pourquoi, au-delà des apparences, le pouvoir sera équitablement partagé entre les deux époux, et pourquoi ces femmes si respectées pourront exercer toutes les charges en son absence ou à son décès. Du temps du vivant des deux conjoints, ce pouvoir est d'ailleurs assuré de façon collégiale, et souvent avec le conseil de la parentèle dans le cadre d'une famille élargie. C'est la raison pour laquelle la plupart des transactions foncières sont effectuées d'un commun accord, surtout lorsqu'il s'agit de biens de famille. Là encore, la supposée « dictature masculine » ne s'exerce pas. Sur les actes de donation au clergé local, comme sur ceux qui fondent un établissement religieux, on retrouve la signature de la femme dans la plupart des cas. Plus sa naissance est noble, plus son pouvoir est grand, et plus sa présence se fait sentir aux étapes les plus essentielles de la vie conjugale et familiale.

Lorsque la pauvre Guenièvre de *Kaamelott* apprend avec tristesse qu'elle a été mariée à Arthur en raison de sombres alliances politiques, elle se montre donc d'une rare hypocrisie. Mariage arrangé, certes, mais en toute connaissance de cause, la situation du mari étant d'ailleurs équivalente en la matière.

AUX COMMANDES ET À LA GESTION

En réalité, cette Guenièvre-là n'est pas seulement cette femme un peu naïve et gloutonne, enthousiasmée par les narines de bouc au miel et la pâte d'amande qu'Arthur-Alexandre Astier nous présente, elle est d'abord une reine, et donc une femme de pouvoir.

A-t-on oublié ainsi que la reine, à l'époque féodale, est sacrée à Reims, tout comme le roi ? Ce qui en fait son égal.

A-t-on oublié Blanche de Castille, la mère de saint Louis, gouvernant la France pendant la minorité de son fils et, ensuite, durant son absence hors du royaume ?

A un moindre niveau de l'échelle aristocratique, les femmes se voient également pourvues de titres équivalents à ceux de leurs maris tels que *ducissa* (duchesse) ou *comitissa* (comtesse).

D'ailleurs, comment imaginer une reine aussi passive et écartée du pouvoir à une époque si turbulente ? Dès que son seigneur s'absente pour faire la guerre ou surveiller un patrimoine toujours à la merci de convoitises étrangères, c'est elle qui prend le relais et assure la gestion des domaines. Dès que ce même seigneur prend la croix pour la Terre sainte – il peut s'absenter quatre ans ou plus s'il a dû subir la captivité –, c'est elle qui veille sur le fief, assure sa gestion financière, a en charge l'éducation des enfants et la résolution des conflits pouvant survenir au sein du groupe familial. Même en temps normal, l'homme se repose souvent sur son épouse pour ce qui est de la direction des affaires. Au XIIe siècle, Ermengarde de Narbonne régnera ainsi pendant près de cinquante ans sur sa vicomté en dépit de trois mariages. A cette époque, note Georges Duby, il est également monnaie courante de « voir des femmes prêter des hommages et en recevoir au nom de leur fils mineur ». Au sacre de Louis IX, on verra des épouses de hauts barons tenir la place de leurs maris absents. Et que dire de Mahaut d'Artois, excellente gestionnaire de son comté et qui, pair de France – l'une des plus hautes responsabilités du royaume –, assistera au sacre de Philippe V en 1317 au même rang que les autres pairs !

Ne les retrouve-t-on pas également en guerrières à l'image de ces femmes celtes évoquées plus haut ou de ces walkyries de la mythologie germanique ? On les voit défendre leur château, telle Guiraude de Lavaur contre Simon de Montfort en 1211 lors de la croisade des Albigeois, leur comté telle Mahaut d'Artois durant la révolte de ses barons stipendiés par son neveu Robert, ou encore franchir la Méditerranée pour suivre leur mari aux croisades. Ainsi en est-il de Godvere de Tosny, une Anglaise qu'a épousée Baudouin de Boulogne, ou encore d'Elvire d'Aragon, l'épouse de Raymond de Saint-Gilles. De bien d'autres encore.

Cette Guenièvre – celle du XIIe siècle – n'a donc rien d'un « blanc fantôme » au sens où elle serait inexistante, effacée, enfermée dans son château et passant son temps en papotages insipides, filant sa quenouille et attendant désespérément le retour d'un mari qui s'est couvert de gloire au combat.

Guenièvre peut être coquette, goûter la musique – celle des bardes ou des ménestrels – et les romans de chevalerie, assumer ses tâches domestiques, il n'en demeure pas moins qu'elle est d'abord une femme de pouvoir respectable et respectée.

A Kaamelott, c'est elle qui dirige le château. C'est-à-dire tout un peuple d'enfants, de parents proches ou éloignés, de jeunes gens recueillis pour des raisons diverses, de domestiques, de valets, de servantes, d'intendants ou de clercs. C'est elle qui veille à l'éducation des plus jeunes, qui régente la vie quotidienne, anime la cour, organise des fêtes, et s'efforce d'entretenir et de consolider les liens qui doivent l'être comme d'apaiser les conflits.

Comment imaginer aujourd'hui que certaines de ces femmes de pouvoir soient cultivées au point de connaître le latin, mais aussi le grec et l'hébreu ? Ce sont elles qui se font mécènes à leurs heures, qui encouragent la traduction de textes religieux et profanes, qui réclament la création de psautiers ou de livres d'heures. La comtesse Mahaut d'Artois, comme tant d'autres avant elle, favorise la restauration d'édifices religieux, la fondation d'établissements charitables, encourage l'enluminure de nombreux manuscrits qu'elle fait copier, et donne généreusement aux pauvres de ses deniers.

L'Eglise elle-même voit souvent ces femmes d'un œil admiratif. La chasse aux sorcières n'est pas encore ouverte. A Adèle de Blois, la fille de Guillaume le Conquérant, le moine Hugues de Fleury-sur-Loire, dédie son *Historia ecclesiastica* en observant : « Loin que le sexe féminin soit privé de l'intelligence des choses profondes, il y a généralement chez les femmes une grande ingéniosité d'esprit, et une élégance des manières tout à fait remarquable. »

D'autres sont nombreux à penser comme lui, et si l'Eglise tend à empiéter de plus en plus sur la sphère privée, tant au niveau moral que sexuel, elle n'a pas encore resserré son emprise sur un sexe féminin en qui elle verra bientôt l'origine de toutes les abominations.

En réalité, en ce XIIe siècle finissant dont nous parlent les romans du Graal à travers la légende arthurienne, les femmes vivent leurs dernières heures de liberté. Bientôt, la fameuse « loi salique » sera invoquée pour les écarter du pouvoir, puis les Temps modernes prendront place qui verront les femmes retourner filer leur quenouille.

FINE MOUCHE OU « FIN'AMOR » ?

Guenièvre, dans *Kaamelott*, a deux visages. D'une part, elle incarne la femme douce, naïve mais fidèle, cantonnée à l'espace familial et domestique, bonne chrétienne – elle cherche à imposer à Arthur la prière au Dieu unique. De l'autre, nous découvrons une femme aventureuse qui tombe dans les bras de Lancelot, trompe le roi Arthur et se met en danger.

Pour comprendre cette ambiguïté, il faut nécessairement faire la part de la littérature pure et de l'idéologie qui la sous-tend.

C'est que cette omniprésence des femmes de pouvoir dans la société médiévale, leur rôle si étendu, leur intelligence, leur courage, ont suscité les vocations de bon nombre d'hommes qui se sont employés à chanter leurs louanges.

Bien sûr, la femme des romans de chevalerie est une femme idéale, rêvée, stylisée. Mais, l'image qui en est donnée dans *Erec et Enide*, *Cligès* (1175) ou *Le Chevalier à la charrette* (1180) de Chrétien de Troyes n'en correspond pas moins à une réalité.

Guenièvre est ainsi décrite comme une femme très belle, très blonde, aux yeux clairs, une « dame blanche » dont la pureté attire tous les regards. Cette Guenièvre-là obéit naturellement à un archétype féminin propre à la littérature courtoise médiévale. Mais, au-delà de cette flatteuse apparence, c'est surtout ce qu'elle incarne qui mérite notre intérêt. La reine Guenièvre est l'objet de toutes les attentions parce que les femmes de la haute société féodale le sont elles aussi. Il n'est qu'à songer à Aliénor d'Aquitaine, pour s'en persuader.

Car, Aliénor, mariée au roi de France Louis VII et répudiée faute d'héritier, est l'exemple même de ces femmes adulées au-delà de toute mesure. Ayant épousé le roi d'Angleterre Henri II Plantagenêt, régnant sur un royaume qui s'étend de l'Ecosse aux Pyrénées, Aliénor est belle, intelligente et redoutable. A sa cour, elle fait venir poètes et lettrés, protège les philosophes et attire auprès d'elle, à l'instar des cours qui se développent alors en Languedoc des troubadours chantant l'amour courtois. Bref, Aliénor est l'archétype de la femme idéale. Aliénor gouverne seule son duché d'Aquitaine, encourage le mouvement communal, légifère et s'affirme comme une femme complète. Aliénor est tout cela, et plus encore, puisqu'elle se rebellera contre son propre mari, soutiendra les droits de Jean sans Terre à la couronne d'Angleterre, ou encore négociera le mariage de Blanche de Castille avec le futur Louis VIII.

Est-ce à elle que songe André le Chapelain lorsqu'il écrit dans son *Traité de l'amour* : « Les femmes étant à l'origine de tout bien, et Dieu leur ayant donné une si grande prérogative, il faut qu'elles se montrent telles que la vertu de ceux qui font le bien incite les autres à en faire autant ; si leur lumière n'éclaire personne, elle sera comme la bougie dans les ténèbres, qui ne chasse ni n'attire personne. Ainsi, il est manifeste que chacun doit s'efforcer de servir les dames afin qu'il puisse être illuminé de leur grâce ; et elles doivent faire de leur mieux pour conserver les cœurs des bons dans les bonnes actions et honorer les bons pour leur mérite. Parce que tout le bien que font les êtres vivants est fait par l'amour des femmes, pour être loué par elles, et pouvoir se vanter des dons qu'elles font, sans lesquels rien n'est fait dans cette vie qui soit digne d'éloge. »

Le Chapelain, ne l'oublions pas, était un clerc attaché à la comtesse Marie de Champagne, fille d'Aliénor. Marie de Champagne à laquelle était également attaché un certain Chrétien de Troyes...

Ce qu'il écrit est cependant directement inspiré de cette littérature courtoise qui s'adresse en priorité à une aristocratie de cour se reconnaissant dans cet idéal. Face à des femmes de la haute société médiévale, héritières et maîtresses de leurs biens – quand ce n'est pas de leur destinée ! –, des prétendants rivalisent pour les conquérir. La femme a non seulement barre sur l'homme en ce qui concerne sa possible ascension sociale, mais aussi sur ses désirs, sa psyché, au point d'en faire son esclave et de pouvoir lui imposer – dans les romans du moins – toutes sortes d'épreuves dont il devra sortir vainqueur pour lui prouver son amour et sa... chevalerie.

Mais, si cette littérature – sulfureuse aux yeux d'une partie de l'Eglise – voit le jour à cette époque, c'est aussi que la conception même de l'amour a changé. A la camaraderie virile des chevaliers de la Table ronde réunis à Kaamelott, les auteurs de romans courtois préfèrent la *fin'amor*, c'est-à-dire le raffinement amoureux. A la brutalité, la délicatesse ; à la force la subtilité, à l'apathie conjugale, l'aventure amoureuse.

UN NOUVEAU CODE AMOUREUX

Régine Pernoud, naguère, n'a pas hésité à décrire le XIIe siècle comme celui qui aurait « inventé l'amour ». C'est sans doute aller un peu loin. Ce qui est certain, c'est que pour la première fois se trouve exprimée clairement une autre conception des rapports entre hommes et femmes. Antimatrimonial, adultère, libre, l'amour courtois se veut l'expression du sentiment à l'état pur, délivré de toutes références à un contexte social ou culturel. Ainsi, Jacques le Goff a raison d'écrire : « Réclamer l'autonomie du sentiment, prétendre que d'autres rapports pouvaient exister entre les sexes que ceux de l'instinct, de la force, de l'intérêt et du conformisme, il y avait bien là du vrai nouveau [...] Le plus bel amour courtois, n'est-ce pas celui de Tristan et Iseut qui appartient à la "matière de Bretagne" [1]. »

Un nouveau code amoureux se définit ainsi peu à peu. Dans son traité, André le Chapelain évoque ainsi à plusieurs reprises des règles qui définissent ce que l'on peut appeler l'amour.

Celui-ci, en vérité, se situerait plutôt en dehors de toutes normes. Librement consenti entre deux êtres, hétérosexuel, fondé sur le mérite, l'élection même, il réunit un homme – en qui la femme voit son seigneur – et une femme – dont l'homme se fait le vassal. Il exprime aussi une qualité de sentiment qui les met l'un et l'autre sur un pied d'égalité. Il transcende toutes les structures familiales, religieuses ou sociales.

---

1. Jacques Le Goff, *La Civilisation de l'Occident médiéval*, Flammarion, 1997.

Bien que né dans l'adultère en quelque sorte, cette *fin'amor* finira par devenir l'idéal des jouvencelles comme celui des hommes mariés.

La *fin'amor* conteste ainsi le côté exclusivement contractuel du mariage. Il affirme la nécessité d'aimer au sein du couple, vante les mérites de la jalousie, la monogamie ou du moins la singularité du sentiment amoureux de même que sa fidélité. « Loin des yeux, loin du cœur » n'a pas non plus droit de cité dans les romans courtois de ce XIIe siècle. Le credo amoureux n'est pas vulgaire, mais élitiste.

Dans quelle mesure ce credo a-t-il été repris par la société médiévale ? Il est difficile d'en juger, mais tout semble indiquer qu'il a réellement connu une diffusion rapide et eu des impacts réels sur les mentalités.

« Le pouvoir des dames, écrit Eliane Viennot, est ainsi magnifié dans le dispositif qui va, pour plusieurs siècles, assurer la promotion des valeurs de l'élite, attester de sa grandeur : la littérature romanesque. Non pas tant le pouvoir social, politique, judiciaire, militaire, religieux, qu'elles exerçaient dans la réalité et que chacun pouvait constater, mais un autre pouvoir, plus secret, plus invraisemblable dans une société malgré tout patriarcale : un pouvoir sur le corps de l'homme, sur son désir, sur son vouloir, au point de le faire dérailler, comme Tristan, comme Lancelot[1]. »

On est parfois bien loin de cette courtoisie idéale à la Table ronde de *Kaamelott*. Ainsi, un jour que le père Blaise consigne par écrit les exploits d'Arthur et de Perceval, il évoque soudain la reine sous le surnom quelque peu trivial de « Guenièvre-à-la-blanche-fesse ». Stupeur d'Arthur, qui exige des explications.

1. Eliane Viennot, *op. cit.*

Blaise : *En fait, il faut pas prendre ça au pied de la lettre. Guenièvre-à-la-blanche-fesse, ça veut pas forcément dire que votre femme a les fesses blanches.*

Perceval : *Ah bon ? Ah bah, moi, j'avais pris ça au pied de la lettre, alors.*

Blaise (embarrassé) : *Ça s'appelle une licence poétique !*

Arthur : *Et ça change quoi ?*

Blaise : *Ben, que ça veut pas forcément dire ce qu'il y a marqué.*

Et Perceval d'observer : « *C'est pour ça que je pane rien aux livres, moi ! Ça veut pas dire ce qu'il y a marqué*[1]. »

Gageons que la Guenièvre du XIIe siècle, elle, le savait.

1. *Kaamelott,* livre I, tome 2, épisode 22.

L'ESPRIT DES LOUPS

Cette nuit-là, dans la chambre du roi Arthur, Guenièvre ne parvient pas à fermer l'œil. Aux abords du château, les loups hurlent et leur plainte déchirante lui glace le sang.

Guenièvre : *Vous ne trouvez pas que les loups sont agités en ce moment ?*

Arthur (laconique) : *Si !*

Guenièvre : *Qu'est-ce que ça peut bien vouloir dire ?*

Arthur : *Sûrement un mauvais présage. Quand les loups sont menaçants dans la nuit, c'est que le diable s'apprête à sortir.*

Guenièvre est terrorisée.

Le lendemain, les nouvelles ne sont guère plus rassurantes. Le druide Elias, le rival de Merlin, est à Kaamelott. Il semble inquiet, mais résolu.

Elias : *Les dieux sont en colère, Arthur ! L'esprit des loups gronde ! Tu dois l'écouter ! Sans quoi ton royaume tombera dans l'abysse de l'oubli !*

Arthur : *Bon, les dieux sont en colère, d'accord. Qu'est-ce que je peux y faire, moi ?*

Elias : *La forêt exige un sacrifice !*

Lancelot (incrédule) : *Un sacrifice, vous êtes vraiment sûr ?*

Arthur : *Je croyais que ça se faisait plus depuis longtemps, ça.*

Merlin : *Si, une bestiole ou deux de temps en temps à la pleine lune... ça marque le coup.*

Cette fois, c'est au tour de Léodagan de s'inquiéter :

Léodagan : *Mais qu'est-ce qu'il vous faudrait au juste à sacrifier ? Un bouc ?*

Elias : *Ah non ! Là, c'est un cas de force majeure, il me faut un être humain !*

Le grand mot est lâché.

Lancelot : *Mais quel être humain ? Peu importe ?*

Elias : *Ah bah, quelque chose de sérieux, c'est sûr ! Si vous me refilez le péquenaud du coin à moitié moisi, ça passera pas !*

Merlin : *Non, si c'est l'esprit des loups qui réclame, il faut du frais.*

Elias : *Exact, et de préférence une femme...*

Alors Elias y va de sa proposition : pourquoi ne pas sacrifier la reine elle-même ? Stupeur générale. Arthur est prêt à sortir de ses gonds, Léodagan rappelle qu'il s'agit tout de même de sa fille, et Lancelot ne parvient pas à comprendre comme une telle idée a pu germer dans le cerveau perturbé d'Elias.

Mais Merlin insiste :

Merlin : *Moi, je vous préviens : si l'esprit des loups se met en colère, ça va pas être une partie de rigolade !*

Elias : *Allez ! Un beau geste ! Elle souffrira pas*[1] !

Qu'on se rassure, Guenièvre ne sera pas sacrifiée aux loups hurlants de la forêt de Kaamelott !

---

1. *Kaamelott*, livre I, tome 1, épisode 25.

D'ailleurs, sacrifiait-on encore qui que ce soit à l'époque du roi Arthur en Grande-Bretagne ?

Les auteurs grecs et latins qui évoquent ces sacrifices humains sont notre principale source d'information. En outre, ils semblent puiser aux mêmes traditions orales et se recopier les uns les autres. Leur point de vue n'est pas non plus exempt de partialité délibérée. Pline, Lucain, Tacite font des druides des mages dangereux et incontrôlables, des hommes dotés de pouvoirs exceptionnels mais presque toujours utilisés à mauvais escient. Difficile, dans ce cas, de savoir précisément à quoi correspondent ces sacrifices, dans quel but ils ont été pratiqués et sur quelle échelle, et si les druides enfin y participaient vraiment.

Le géographe grec Strabon, au Ier siècle avant J.-C. dit qu'« ils avaient l'habitude de tuer des hommes à coups de flèches, de les empaler dans les temples, ou, façonnant un grand mannequin de paille et de bois, de jeter à l'intérieur des bœufs, des animaux sauvages et des êtres humains et d'y mettre le feu, offrant ce sacrifice aux dieux ».

Diodore de Sicile, lui, évoque des sacrifices dans un but divinatoire, mais ne mentionne pas les druides comme étant les auteurs de ce type de rite : « Ils consacrent un homme au trépas et le frappent d'un coup de poignard au niveau du diaphragme, et, lorsqu'il est à terre, tirent des oracles de la façon dont il est tombé et des convulsions de ses membres, et, de plus, du jaillissement de son sang, plaçant leur foi en ces observations entretenues depuis la nuit des temps. »

Diodore de Sicile évoque également des « voyants » tirant des augures d'animaux sacrifiés.

Pourtant, comme le souligne Barry Cunliffe, « les témoignages convaincants de sacrifices humains sont étonnamment rares dans les données de l'archéologie ». Ces « sacrifices » peuvent également avoir été – comme en Grèce et à Rome – des exécutions capitales appliquées à des criminels et déguisées en quelque sorte en sacrifices.

Guenièvre, au VIe siècle, ne risquait donc probablement rien, et depuis bien longtemps.

LE TEMPS DES ENCHANTEURS

Reste que les images d'Epinal perdurent dès lors que l'on évoque les Celtes, et surtout les druides.

Arthur lui-même, dans *Kaamelott*, et bien qu'il fasse figure de roi moderne, tolérant, désireux d'abroger la torture et même la peine de mort, a fréquemment recours à Merlin et à ses sortilèges. Ainsi, un jour qu'il a reçu un mauvais coup d'épée sur le champ de bataille, il se précipite chez le druide pour se faire « rafistoler » magiquement au plus vite !

Merlin : *Vite fait, vite fait... Déjà, il faut que je nettoie.*

Arthur : *De quoi ?*

Merlin : *Ben oui, et puis après il faudra peut-être recoudre !*

Arthur : *Mais qu'est-ce que vous me chantez ? Vous faites comme d'habitude !.... Vous invoquez le dieu de ci, le dieu de mi : tac, ça se referme et c'est fini. Allez !*

Mais, Merlin fait la sourde oreille.

Merlin : *Oh non, attendez, c'est les anciennes méthodes, ça. On ne soigne plus comme ça maintenant.*

Arthur : *Ah non ?*

Merlin : *Ah non, toutes ces vieilleries celtiques, ça vaut plus un radis. C'est des machins de péquenauds, place à la science*[1] *!*

Agacé, Arthur finira malgré tout par avoir gain de cause. Après quelques invocations du druide, il pourra repartir au combat.

Cette persistance des pratiques magiques est bien mise en scène dans la série *Kaamelott*. La religion du Dieu unique à laquelle les Barbares ont fini par se soumettre, n'a eu que peu d'impact sur le vieux fonds de paganisme celte.

Le monde celtique est, en effet, un monde merveilleux, enchanté, que sauront d'ailleurs exploiter les promoteurs de la légende arthurienne dans leurs romans.

Entendons-nous bien. Il ne s'agit pas d'utiliser ce mot de « merveilleux » dans un sens péjoratif. Pour les Celtes, tout est vivant. Aussi bien les quelque deux cents dieux de leur panthéon que l'on a pu recenser, que les éléments qui les environnent : sources, forêts, animaux, sanctuaires. Ils ne vivent pas au sein d'une nature à la fois familière et mystérieuse – comme des êtres importés dans un décor préfabriqué –, ils participent pleinement de cette nature. L'existence tout entière est une magie à nulle autre comparable.

Voilà pourquoi la civilisation celtique chère à Arthur baigne dans le fantastique. Les hommes y voient des symboles et des correspondances qui, aujourd'hui, nous semblent incompréhensibles ou nous échappent.

Pas plus que Merlin, Arthur ne doute qu'il y ait un « esprit des

1. *Kaamelott*, livre I, tome 2, épisode 8.

loups » ou un « esprit de la forêt », ou encore un « esprit du lac ». D'ailleurs lui-même n'est-il pas né grâce à la magie de Merlin ?

Dans une telle perspective, il paraît normal que les Celtes aient cherché à agir sur la nature et à interférer avec ses processus au moyen d'une magie. Pour cela, ils devaient s'approprier les forces surnaturelles et les dominer. Les druides étaient là pour ça.

INCANTATIONS ET PUISSANCE DU VERBE

Cette magie englobe dès lors bien des domaines : contrôle des éléments naturels, sorts funestes, incantations diverses, interdits alimentaires, divination, médecine, etc.

En réalité, la magie est un domaine inséparable de la religion proprement dite. Ainsi, pour ce qui est des interdits alimentaires concernant la consommation de lièvres, de poules et d'oies, peut-être aussi de porc, et par-dessus tout de viande de cheval, animal sacré par excellence. Les deux domaines, ici, se confondent.

Mais quoi qu'il en soit, la magie reste le domaine réservé du druide. Lui seul a le pouvoir de prophétiser et d'agir sur les forces immatérielles qui gouvernent le monde au-delà des apparences. Lui seul a le pouvoir de prononcer les incantations qui se révéleront efficaces du fait, non des formules rituelles employées, mais de la puissance de son verbe.

Débarquant sur la terre d'Irlande, le grand druide Amorgen promet aux Gaëls des pêches abondantes en lançant une incantation :

Mer poissonneuse
Pays, plein de fruits,

Jaillissements de poissons
Poissons sous la vague
Comme des nuées d'oiseaux, Mer rude !
Grêle blanche avec des centaines de saumons,
De larges baleines,
Jaillissement de poissons
Mer poissonneuse !

Ici, le druide cherche à attirer la bénédiction des dieux sur un peuple à qui il vient proposer ses services. Mais il peut également nuire gravement à ceux qui s'opposeraient à lui. A la veille d'une bataille, l'un d'entre eux s'y engage formellement : « Je ferai une malédiction suprême contre eux. Je les satiriserai et je leur ferai honte si bien qu'ils ne résisteront pas aux guerriers à cause des incantations de mon art. »

Ces druides – qu'on appelle parfois « poètes » en Irlande – font peur. « Le nombre des poètes était tel, nous dit un texte, et tel était le tort qu'ils causaient, que les hommes d'Irlande ne leur résistaient en rien car, à celui qui était satirisé, à moins qu'il ne mourût sur-le-champ, il venait des boutons empoisonnés sur le visage, si bien qu'il était reconnaissable par tous et qu'il en avait honte personnelle. Mais, les boutons venaient au poète lui-même, et il mourait sur-le-champ si celui qu'il avait satirisé était sans faute[1]. »

Parfois, les pouvoirs du druide lui permettent de contrôler les éléments naturels et de décider du sort d'une bataille.

1. Cité par Christian-J. Guyonvarc'h, *Magie, médecine et divination chez les Celtes*, Payot, 1997.

Lors du siège de Druim Damhghaire contre le roi Cormac en Irlande, le druide Mog Ruith utilise dans ce but son propre souffle et les éléments de l'environnement. « Mog Ruith se mit à souffler sur la colline. Aucun guerrier du Nord ne pouvait se tenir dans sa tente tant la tempête était forte et les druides ignoraient d'où elle leur venait. Tout en soufflant sur la colline, Mog Ruith dit ces paroles : "Je tourne, je retourne, etc." La colline disparut alors, enveloppée dans des nuées noires et dans un tourbillon de brouillard. Le commun de l'armée fut dans l'épouvante en entendant le cri des troupes, le tumulte des chevaux et des chars, le bruit des armes brisées lorsque la colline fut frappée à la base. Une grande partie de l'armée fut plongée dans les affres de l'agonie. Tous sombrèrent dans le découragement et la mauvaise humeur[1]. »

Le brouillard que le druide fait tomber au moment fatidique est un grand classique de la magie celte. Parfois aussi, le druide lit dans le ciel, dans un nuage, un présage annonçant l'issue de la bataille.

On retrouve ces incantations sur de rares tablettes écrites, mais qui semblent relever cette fois d'une magie plus populaire et destinée à s'assurer du succès sur un ennemi, un concurrent, à le priver de tous moyens de remporter la victoire, à le plonger dans la fièvre ou le délire.

Il existe également une magie liée au monde des arbres et aux végétaux, des boissons magiques destinées à soigner, guérir les plaies et les blessures. Mais, toutes ces préparations s'accompagnent elles aussi d'incantations, dont certaines, pour être efficaces, doivent

1. Cité par Christian-J. Guyonvarc'h, *op. cit.*

être prononcées auprès d'une source. D'où les nombreuses « fontaines miraculeuses » que l'on retrouve dans les romans liés au Cycle du Graal.

Parmi ces plantes, l'une d'elles avait, semble-t-il, la faveur particulière des druides pour ses vertus curatives : le gui.

« Il est très rare de trouver ainsi le gui, écrit Pline l'Ancien, et quand on le trouve, on le cueille dans une grande cérémonie religieuse le sixième jour de la lune, car c'est par cet astre que les Gaulois règlent leurs mois et leurs années, de même que leurs siècles de trente ans. On choisit ce jour parce que la lune y a déjà une force considérable sans être cependant au milieu de sa course. Ils appellent le gui d'un nom qui signifie "celui qui guérit tout". Après avoir préparé rituellement un sacrifice et un festin sous l'arbre, on amène deux taureaux blancs dont les cornes sont liées pour la première fois. Vêtu d'une robe blanche, le prêtre monte à l'arbre, coupe avec une faucille d'or le gui qui est recueilli dans un linge blanc. Ils immolent alors les victimes en priant la divinité de rendre ce sacrifice profitable à ceux pour qui il est offert. Ils croient que le gui, pris en boisson, donne la fécondité aux animaux stériles et constitue un remède contre tous les poisons. »

DES DIVINATIONS SUR-LE-CHAMP

Pline cite encore deux autres plantes en honneur chez les druides : le *selago* (lycopode sélagine) qui sert de talisman contre toutes maladies et guérit notamment les affections des yeux ; et la *samolus*, contre les maladies des troupeaux.

Cette magie celtique, teintée de science médicale, semble toutefois se transformer aux ve-vie siècles en superstitions populaires et basse sorcellerie. La caste des druides a perdu alors le crédit dont elle bénéficiait auparavant.

De toutes les formes de magie en honneur chez les Celtes, c'est la divination qui semble cependant avoir été la plus couramment utilisée. Cicéron nous parle ainsi d'un druide qui « prétendait connaître les lois de la nature, ce que les Grecs appellent physiologie et annonçait ce qui devait arriver, soit par des augures, soit par conjecture ».

Diodore de Sicile fait toutefois une distinction très nette entre les druides et les devins. « Il y a chez eux [les Celtes] des poètes lyriques qu'ils appellent bardes : ces poètes accompagnent avec des instruments semblables à des lyres leurs chants qui sont soit des hymnes soit des satyres. Il y a aussi des philosophes et des théologiens à qui sont rendus les plus grands honneurs et qui se nomment druides. En outre, ils se servent de devins à qui ils accordent une grande autorité. Ces devins prédisent l'avenir par l'observation des oiseaux et par l'immolation des victimes. Ils tiennent toute la population dans leur dépendance. »

En réalité, la plupart de ces divinations concernent des faits extrêmement concrets. Un roi, une reine, un chef de guerre s'enquièrent du sort du royaume ou de l'issue d'une bataille. Souvent, ces divinations sont même pratiquées sur-le-champ, sans la moindre préparation préalable.

Ainsi, lorsque, au ier siècle après J.-C., la reine Boudicca veut encourager les Bretons au combat contre les Romains, c'est dans la course d'un lièvre qu'elle décèle un présage heureux pour son peuple.

Certains animaux sont d'ailleurs plus propices que d'autres à la divination, à moins qu'ils ne servent tout simplement de messagers des dieux.

Un exemple de cette fonction symbolique figure dans *Kaamelott* lorsque Arthur découvre un corbeau mort à la porte de sa chambre. Inquiet, il va en demander l'explication à Merlin qui s'avoue bien embarrassé. Et s'il s'agissait d'un présage ?

Merlin : *C'est vous qui êtes de sang divin. Quand les dieux veulent dire un truc, c'est plutôt vers vous qu'ils se tournent. Moi, jusque-là, il y a rien qui me choque.*

Arthur : *Mais, enfin, les dieux, ils me parlent de la Quête, de mission sacrée, ils m'envoient la Dame du Lac ! Ils viennent pas me raconter le temps qui fait ou ce qu'ils ont mangé à midi !*

Merlin : *Je suis désolé, je sais que ça fait maigre, mais je suis plutôt de l'avis de votre belle-mère, c'est un présage qui annonce un hiver rude.*

Séli : *Ou alors une vague de peste.*

Merlin : *Quoi ?*

Arthur : *Qu'est-ce que vous racontez ?*

Séli : *Je sais pas, j'ai toujours entendu dire que les corbeaux morts, c'était une histoire de peste ou de choléra, je sais plus*[1].

Un corbeau mort annonçait-il d'ailleurs toujours le même présage ou fallait-il tenir compte du contexte ? La magie celte, à n'en pas douter, devait laisser une grande part d'interprétation au magicien.

L'étude des songes et des visions nocturnes relève encore de ce

1. *Kaamelott*, livre I, tome 1, épisode 17.

domaine réservé aux devins. En revanche, on ne trouve guère chez les Celtes de traces de ces philtres magiques si en vogue au Moyen Age, ni de poisons, utilisés eux aussi plus tardivement.

Si notre malheureux Merlin se trouve bien embarrassé pour décrypter un présage, c'est donc parce que cette divination ne relève pas vraiment de ses compétences. Le druide, cependant, peut être doté de pouvoirs qui surclassent nettement ces procédés de magie inférieure. Ainsi, Merlin, lorsqu'il rencontre les fils du roi Constant, Uter et Pendragon, se présente-t-il à eux sous les masques successifs d'une bûcheron, d'un sauvage, d'un « homme de bien », d'un jeune messager, puis d'un vénérable vieillard. C'est encore lui qui donne à Uterpendragon les traits du duc Gorlois pour lui permettre d'entrer dans la couche d'Ygerne et d'enfanter Arthur.

Cette capacité à se métamorphoser et même à changer l'aspect d'autrui par le fait de sa magie, concerne ici un pouvoir bien plus important que la seule interprétation d'un présage. Certains textes vont même jusqu'à prêter au druide un « don d'invisibilité » ou la faculté de se présenter sous n'importe quelle apparence à ses adversaires. De même, Merlin est encore capable de déclencher un incendie ou une tempête pour venir en aide à Arthur et semer la panique dans le camp ennemi.

Plus prophète que magicien, Merlin est surtout un homme providentiel survenant aux étapes décisives de l'épopée arthurienne. « A partir de cette connaissance précise des faits et gestes de tous les combattants sur un champ de bataille, ou des décisions prises par le conseil des rois païens, il n'y a rien d'étonnant que Merlin joue aussi le rôle d'un stratège qui détermine la meilleure conduite à tenir et organise les mouvements de l'armée. Son utilité est encore accrue du fait de son don de quasi-ubiquité : lorsqu'il faut transmettre un message urgent au sénéchal de Bénoïc ou de Gaunes, Merlin peut franchir la mer et se retrouver à Trèbes en quelques heures, peut-être même instantanément, alors qu'il faudrait normalement des jours à des messagers normaux. Ce dernier trait, toutefois, comme la capacité de changer d'apparence à son gré, ne paraît pas tant relever d'un savoir acquis par Merlin que d'une nature particulière du personnage[1]. »

Plutôt que des faiseurs de miracles professionnels, il y a ainsi fort à parier que les magiciens au temps d'Arthur – druides ou simples devins – aient davantage jouer ce rôle de conseillers privilégiés que celui d'enchanteur au sens strict.

LE CIEL À LIVRE OUVERT

Reconnaissons-le, la magie médiévale est plus pauvre que celles des siècles passés : égyptienne, perse, grecque, romaine, ou celte. La sorcellerie, en revanche, est beaucoup plus présente à cette époque qu'aux périodes antérieures.

Si la magie participe d'une conception globale du monde, la sorcellerie, elle, se détache de ce rameau initial pour se constituer en pratique autonome qui finit par n'être plus qu'une collection de rituels abscons, de recettes plus ou moins empiriques.

Il est vrai que le christianisme, au XIIe siècle, a balayé la vieille

1. Anne Berthelot : « Merlin Magicien ? », in *Magie et illusion au Moyen Age,* CUER MA, Université de Provence, 1999.

tradition celte et son sens du merveilleux, qu'une religion urbaine et de culture écrite a supplanté une religion de la nature et de transmission orale, que les forces hostiles ont été remplacées – à l'image du Dieu unique – par un adversaire unique, Satan, commandant des légions démoniaques. Autant de facteurs qui expliquent la confusion progressive qui, au Moyen Age, va s'établir entre la magie, la sorcellerie et certaines pratiques divinatoires.

Le druidisme tombé en désuétude, il est probable qu'il ait survécu à l'état résiduel sous sa forme la plus dégénérée dans des pratiques de sorcellerie de campagne. Un capitulaire de Charlemagne ordonne ainsi que « personne n'interroge les devins ni commente les songes, ni s'occupe d'augures, qu'il n'y ait ni sorciers ni enchanteurs ni pythonisses, fabricants de philtres, faiseurs de tempêtes ou de ligatures [sexuelles]. Partout où il s'en trouvera, qu'ils se corrigent ou soient châtiés. Quant aux cérémonies faites par certains imbéciles auprès des pierres, des arbres ou des sources, elles doivent être supprimées partout ».

Jusqu'au XIIIe siècle, cependant, la sorcellerie n'obsède guère l'Eglise du Dieu unique. Elle-même, à ses heures, se fait volontiers « apprentie sorcière ». Certes, elle est plus versée dans la magie traditionnelle – la divination par exemple – que dans la sorcellerie hérétique, qui cherche à invoquer les démons de façon à nuire à autrui. Jusqu'au XIe siècle, elle est même persuadée que les phénomènes diaboliques relèvent davantage de l'imagination des sorciers que d'une réalité tangible. « Le meilleur moyen, recommande Jean de Salisbury, évêque de Chartres au XIIe siècle, c'est de s'en tenir fermement à la foi, de ne pas prêter l'oreille à ces mensonges et de ne point arrêter son attention sur d'aussi pitoyables folies. »

Avec la naissance de l'Inquisition, cependant, tout change. La croyance aux pouvoirs de la sorcellerie devient un fait de société. Magie et sorcellerie sont désormais suspectes. On se préoccupe de définir précisément les crimes de magie et de sorcellerie, l'Eglise se réservant le droit de juger la seule sorcellerie hérétique. Pour le reste, l'ambiguïté du sujet en fait un « crime mixte » relevant à la fois des tribunaux ecclésiastiques et séculiers.

De la magie religieuse chez les Celtes, on en est venu ainsi à des pratiques sulfureuses condamnées au nom de la foi chrétienne et qui vont donner lieu à des surenchères de descriptions apocalyptiques ainsi qu'à une démonomanie délirante.

Au XIIIe siècle, Thomas d'Aquin se montre encore circonspect. Certes, il condamne les pactes avec les démons, mais n'aborde nullement le thème du maléfice, les pratiques utilisant des animaux ou la chair de cadavres. Tout au plus revient-il sur le commerce sexuel avec les démons – incubes et succubes – ou sur le nouement de l'aiguillette qui permet de rendre un homme impuissant.

La magie est alors considérée comme apparentée à des pratiques héritées de l'Antiquité (consultations des morts ou des démons, augures, pythonisses) et des superstitions populaires. Mais l'Eglise considère qu'il n'est pas condamnable de connaître les propriétés des herbes médicinales ou des plantes. De même, elle ne rejette pas l'astrologie qui permet d'établir des thèmes de nativité et d'en déduire des événements futurs à partir des données de naissance ou de se livrer à des prédictions annuelles. Pas plus qu'elle ne juge contraire à son enseignement le fait que les médecins recherchent les correspondances entre les astres et l'horloge biologique de leurs patients.

Le ciel est un livre ouvert dans lequel il n'est pas interdit de lire. Jusqu'à un certain point toutefois. Selon l'adage que reprend à son compte Thomas d'Aquin, « les astres inclinent, mais ne contraignent pas ». Seul Dieu, en dernier recours, décide. Ainsi, les phénomènes astronomiques peuvent constituer des signes, ils ne dispensent pas l'homme de sa responsabilité en tant que pécheur chargé de faire son salut.

PREMIERS BÛCHERS AUX SORCIÈRES

La magie rituelle, en revanche, celle qui a trait à l'invocation des démons en vue d'en obtenir des réponses sur le futur ou un appui dans des entreprises terrestres, est plus explicitement condamnée.

Progressivement, dans la seconde moitié du XIIIe siècle, se mettent donc en place des normes permettant de distinguer entre licite et illicite. Sont ainsi interdits tout ce qui relève de la divination ou d'un pacte avec le démon, les sortilèges et maléfices pratiqués dans le but de nuire à autrui. Mais ce n'est qu'au début du XIVe siècle que la plupart des pratiques magiques sont déclarées hérétiques et s'exposent à des poursuites devant les tribunaux de l'Inquisition. Le médecin Cecco d'Ascoli le paiera de sa vie en montant sur le bûcher en 1327.

Seuls les astrologues demeurent dans une situation ambiguë. Ils sont toujours consultés par les princes. Pourtant, le calcul des jours fastes et néfastes demeure condamné par l'Eglise qui, elle-même, n'hésite pas à se servir des tables astronomiques et à observer la course des astres.

Deux pratiques, enfin, semblent alors recueillir la faveur des sorciers et sorcières au Moyen Age : les philtres d'amour et l'envoûtement.

Pour ce qui est des philtres – celui que Tristan absorbe à la place du roi Marc pour tomber amoureux d'Iseut –, il s'agit généralement de breuvages à base de vin auquel on a mêlé des herbes ou des drogues afin de s'attirer les faveurs de celui ou celle que l'on veut séduire. D'autres recettes y ajoutent du sang, des cheveux, des rognures d'ongles ou des plumes de tourterelle ! Tous ces ingrédients sont réduits en poudre et mélangés au liquide à absorber.

L'envoûtement, en revanche, relève d'un crime beaucoup plus grave. Le procédé est fréquemment évoqué dans les procédures judiciaires. Il consiste à façonner une figurine en bois, en métal ou en cire représentant la personne à laquelle on veut nuire. La figurine doit ensuite recevoir un nom (copié sur un parchemin vierge) puis être bénie et même baptisée selon un rituel qui exige non seulement du sel et de l'eau bénite, mais un parrain, une marraine et un prêtre célébrant le rite, si possible à l'intérieur d'une église.

L'image de la victime une fois obtenue, il suffit alors de prononcer les incantations nécessaires, puis de la piquer à l'endroit que l'on veut atteindre, à la nouvelle lune ou une fois par semaine, de préférence les lundi, mercredi et vendredi. La personne visée tombe alors malade ou meurt dans de terribles souffrances.

Les incantations utilisent souvent des textes bibliques, et non des prières spéciales. Le psaume 108, par exemple :

Suscite contre lui le méchant
Que se dresse à sa droite l'accusateur
Du jugement qu'il sorte coupable
Que sa prière soit tenue pour péché !
Que les jours lui soient écourtés
Qu'un autre prenne sa charge,
Que ses enfants deviennent orphelins
Et sa femme une veuve !
Ses fils, qu'ils errent et qu'ils errent
Qu'ils mendient et qu'on les chasse de leurs ruines,
Que l'usurier rafle tout son bien
Que l'étranger pille son revenu !

Au contraire de l'époque celte, le poison est également d'usage courant. On en trouve partout. Dans toutes les villes, des apothicaires en fournissent sans la moindre difficulté aux empoisonneurs et empoisonneuses. Ils viennent de l'Orient lointain, de la Chine, de l'Inde, de la Perse, mais aussi d'Espagne et d'Italie.

Accusée au premier chef, la femme. « La toxicité du sang menstruel est la traduction naturelle de l'essence vénéneuse de la femme dont l'activité séductrice envenime l'homme au propre comme au figuré [...] Sa connaissance des secrets de la nature ainsi que sa fragilité qui l'expose plus que l'homme aux tentations de "l'ennemi" paraissent la conduire fatalement à l'usage du poison. La malignité toxique du sexe féminin est un thème très répandu, littéral ou métaphorique. Les clercs sont évidemment les premiers à l'agiter[1]. » Au XIIe siècle, l'évêque de Rennes ne craint pas ainsi d'assimiler sorcières, avorteuses et empoisonneuses.

Cette diabolisation de la femme va de pair avec une évolution répressive de l'Eglise et une tendance à réduire le pouvoir féminin dans la société sous toutes ses formes. Face à la bonne reine Guenièvre, incarnation des valeurs chrétiennes, la fée Morgane, sa rivale, demi-sœur d'Arthur, apparaît ainsi comme la sorcière par excellence, païenne et jeteuse de maléfices.

Cette haine se retrouve caricaturée dans un épisode de *Kaamelott* lorsque le répurgateur vient tenter de convaincre Arthur de condamner la polygamie. Arthur est alors avec Demetra, sa maîtresse.

Arthur : *Tiens, répurgateur, qu'est-ce que vous faites là ?*

Le répurgateur : *Mes hommages, sire. Non, je vous cherchais.*

Demetra (au répurgateur) : *Bonjour !*

Le répurgateur : *Tais-toi. Arrière, hérétique ! Ne m'adresse pas la parole, démon !* (se tournant vers Arthur) *J'aime pas, ça les femmes, moi*[2].

Pourtant, les femmes ne figurent qu'en minorité dans les procès pour empoisonnements.

En réalité, la femme sorcière ou empoisonneuse apparaît bien comme un fantasme de l'Occident médiéval finissant. L'époque est hantée par le diable et les démons, et leur associe la femme dans la

1. Frank Collard, *Le Crime de poison au Moyen Age*, PUF, 2003.

2. *Kaamelott*, livre I, tome 1, épisode 14.

tentative opérée par une partie des clercs pour reprendre le pouvoir sur elle.

Cette hystérie antiféminine, si différente de celle du monde celte ou même du haut Moyen Age, trouvera son aboutissement, au XVIIe siècle, dans l'épidémie des procès de sorcellerie.

D'ici là, la démonomanie aura eu encore le temps d'exercer ses ravages sur les esprits. Ainsi, au XVIe siècle, Ambroise Paré – le père de la chirurgie moderne – n'hésitera-t-il pas à écrire, avec plus de virulence encore qu'un inquisiteur du XIIIe siècle : « Les démons se forment tout subits en ce qui leur plaît ; souvent, on les voit se transformer en serpents, crapaux, chats-huants, corbeaux, boucs, ânes, chiens, chats, loups, taureaux ; ils se transmuent en anges de lumière ; ils hurlent la nuit et font bruit comme s'ils étaient enchaînés ; ils remuent bancs, tables, bercent les enfants, feuillettent les livres, comptent l'argent, jettent la vaisselle par terre, etc. Ils ont plusieurs noms connus : Cacodémons, incubes, succubes, coquemares, lutins, mauvais anges, Satan, Lucifer, etc. [...]

« Ceux qui sont possédés des démons parlent la langue tirée hors la bouche, par le ventre, par les parties naturelles ; ils parlent divers langages inconnus, font trembler la terre, tonner, éclairer, venter, déracinent et arrachent les arbres, font marcher une montagne d'un lieu à un autre, soulèvent en l'air un château et le remettent en sa place, fascinent les yeux et les éblouissent.

« Incubes sont des démons qui se transforment en guise d'hommes et ont copulation avec les femmes sorcières. Succubes sont démons qui se transforment en guise de femmes, et telle habitation ne se fait pas seulement en dormant, mais aussi en veillant. »

Ambroise Paré croyait-il encore vraiment à toute cette fantasmagorie ?

A l'heure où vit notre Arthur médiéval, la magie celte de Merlin semble pourtant bien loin, et ses grimoires enfouis sous la poussière des siècles. Peu à peu, dans le tréfonds des consciences, vont s'installer la peur du diable et la suspicion à l'égard de la femme.

DES VIVANTS… ET DES MAURES

Il n'est pas rare de croiser dans *Kaamelott* des personnages singuliers et qu'on ne s'attend guère à trouver dans l'entourage du roi Arthur, encore moins à sa table. Ainsi, Arthur discute-t-il avec un centurion romain Caïus Camillus à l'heure où les armées romaines ont depuis longtemps quitté l'île de Bretagne ; Arthur reçoit le seigneur Dagonnet de retour de Judée ; Arthur joue de l'oud, un instrument de musique à cordes venu d'Egypte ; Arthur récite un poème chinois… Arthur, enfin, reçoit une improbable délégation maure à Kaamelott, au point que l'on se demande parfois si Kaamelott est bien la cour du roi de Bretagne ou un lieu de rencontres entre civilisations.

L'accueil de la délégation maure pose d'ailleurs quelques problèmes à Perceval qui, informé de la susceptibilité des Maures, craint de commettre une bévue.

Perceval : *Vous me dites, à midi on mange avec des Maures.*

Arthur : *Oui, et qu'est-ce que c'est des Maures, pour vous ?*

Perceval : *Bah, c'est pas des mecs qui viennent du Sahara, par là-bas ?*

Arthur (impressionné) : *Ah, si. Si, si*[1].

Mais Perceval est inquiet. Attirés par la réputation de Kaamelott en matière culinaire, les Maures viennent pour déjeuner et, selon

---

1. *Kaamelott*, livre II, tome 1, épisode 12.

les usages du temps, ils roteront probablement en fin de repas pour exprimer leur satisfaction. Or, Perceval ne sait pas roter.

Et notre chevalier de conclure :

Perceval : *Ben, les Maures, je crois qu'ils sont assez raides sur tout ce qui est politesse, voyez ?*

Au-delà des clichés, la suite de l'épisode nous apprend que l'on frôlera d'ailleurs l'incident diplomatique, mais qu'Arthur parviendra à aborder le sujet capital pour lequel il a invité la délégation maure : la libre circulation des bateaux dans les eaux territoriales.

Evidemment, *Kaamelott* choisit de nouveau le télescopage de deux époques différentes pour nous divertir. Les Maures – les Arabes d'Espagne – ne peuvent être assimilés aux pirates sarrasins qui, aux IXe et Xe siècles commenceront de semer la terreur dans toute la Méditerranée occidentale.

La question qui se pose est donc la suivante : que connaît-on du monde à l'époque d'Arthur ?

Même si nous savons aujourd'hui que les peuples anciens voyageaient bien davantage que nous ne le supposions, l'ouverture au monde dont nous parle Arthur-Alexandre Astier survient plus tard. La chute de l'Empire romain a désorganisé – mais pas fatalement rompu – les relations entre certains peuples. Les contacts, au VIe siècle, se font donc essentiellement entre Barbares, Romains et Byzantins. Même Byzance, qui a pris le relais de Rome dès la fin du IVe siècle, est un monde avec lequel on peut douter qu'Arthur ait jamais eu le moindre rapport.

Au XIIe siècle, en revanche, ces relations se sont développées. Le commerce et la guerre mettent de nombreux peuples en contact plus étroit et plus prolongé. Les échanges avec l'Extrême-Orient se poursuivent par la route des caravanes, mais l'Occident, en voulant reconquérir Jérusalem, a également pris pied en Orient. Les croisés sont à Byzance et en Palestine. Les Maures ne sont plus des inconnus comme ils l'étaient au VIIIe siècle, du temps des invasions sarrasines en Espagne et dans le sud de la France.

Est-ce à dire que ces peuples qui se côtoient, se font la guerre et commercent ensemble se connaissent vraiment ?

PIRATES ET INFIDÈLES ?

Des mondes qui s'ignorent, ou du moins se méconnaissent, telle apparaît la situation respective de l'Orient et de l'Occident en ce XIIe siècle qui voit fleurir les romans de chevalerie arthuriens. Non qu'ils n'entretiennent aucune relation. L'image d'une Méditerranée vidée de ses échanges après la chute de l'Empire romain fait partie des clichés aujourd'hui obsolètes. Le commerce n'a jamais cessé entre l'Orient et l'Europe. Le fer, le bois, les armes, des draps de Flandre ou de France partent régulièrement à destination de l'Orient tandis que celui-ci exporte laine, soie, cuir, coton, épices vers l'Europe.

L'Occident médiéval, Byzance, et le monde arabo-musulman sont donc les trois pôles essentiels du monde que connaît Arthur. Mais l'idée que se font respectivement les uns des autres les Byzantins, les Francs et les Maures – ou les Sarrasins – demeure la plupart du temps imprécise, voire caricaturale. Les contacts au XIe siècle sont peu fréquents, excepté en Espagne ou l'islam s'est installé dès les débuts du VIIIe siècle, renversant le royaume wisigothique.

Arthur a beau recevoir une délégation maure à sa table, les deux mondes sont donc aux antipodes. Ce n'est qu'au milieu du VIIIe siècle, avec le remplacement du califat omeyade de Damas par le califat abbasside de Bagdad, que l'islam cesse presque tout mouvement expansionniste, et que des relations plus fréquentes s'établissent entre les rois carolingiens et le califat de Bagdad, l'Espagne maure et les émirats aghlabides qui allaient conquérir la Sicile.

L'image du musulman d'alors demeure pourtant conditionnée par un phénomène endémique : la piraterie. Le musulman est non seulement un « infidèle » sur le plan religieux, mais c'est un prédateur sur le plan militaire. Durant les IXe et Xe siècles, les raids des Sarrasins se sont multipliés en Méditerranée. La capture d'esclaves étant d'une nécessité absolue pour l'économie des pays arabes, des bandes andalouses ont notamment ravagé la Calabre, la Campanie, l'Italie centrale. En 846, elles ont même attaqué et pillé Rome.

Vers la fin du Xe siècle, cependant, on ne trouve plus aucun établissement musulman sur les rivages de la Gaule ou de l'Italie. La menace recule. Mieux encore : en Espagne, la reconquête a déjà commencé. Profitant de la désagrégation du califat de Cordoue, les chrétiens d'Occident ont opéré un renversement radical des rapports de force.

L'apparition des Turcs seldjoukides et des Berbères almoravides – peuples non arabes – sur l'échiquier politique méditerranéen, a encore contribué à cette désagrégation.

Hormis les contacts militaires nés de cette première reconquête espagnole, les rapports entre chrétiens et musulmans sont donc quasi inexistants. L'Orient arabe est un monde lointain, mystérieux et hostile. Et si Arthur joue de l'oud en lui trouvant de bien agréables sonorités, Guenièvre les trouve tristes, mélancoliques au point de lui faire regretter la Carmélide.

Surtout, par ignorance, la vision de l'islam a rapidement été caricaturée.

Au XIIe siècle, Guibert de Nogent se plaindra de ne pouvoir trouver de documents fiables sur l'histoire de l'islam depuis ses commencements. D'où un fatras d'erreurs plus ou moins savamment entretenues sur la « divinité du prophète » et le caractère idolâtre de sa religion.

Dès le VIIe siècle, en effet, les auteurs orientaux – côté byzantin – dénonçaient déjà la conquête musulmane. Le patriarche de Jérusalem Sophronius, évoquant en 634 l'invasion de la Palestine par les Sarrasins, n'hésite pas à parler d'« abomination de la désolation ». Il y voit un terrible châtiment divin. De courte durée, toutefois. Byzance ne croit pas alors au succès de cette nouvelle religion. Beaucoup n'y voient qu'un avertissement lancé par Dieu à se réformer, à retrouver un christianisme plus authentique.

Mal leur en a pris ! La religion prêchée par le prophète Mohammed s'est répandue à une vitesse prodigieuse dans tout le Moyen-Orient. Bien que l'on ne s'intéresse guère encore aux écrits prophétiques ou même à la lecture du Coran, nombreux sont les théologiens qui condamnent alors l'islam au nom des Ecritures, et notamment des textes apocalyptiques. En 692, l'Apocalypse du Pseudo-Méthode, se fiant à de savants calculs, date l'origine des tribulations qui ont commencé avec les invasions arabes de l'année 636, puis indique qu'elles dureront dix semaines de dix années, soit soixante-dix ans. Tout plutôt que d'envisager une pérennité de cette religion maudite.

Subir l'épreuve et attendre sa fin : telle semble être l'attitude de nombreux théologiens.

L'islam devient ainsi la préfiguration de l'Antéchrist. Les Arabes sont un peuple de persécuteurs, et Mohammed un faux prophète. Sa religion n'est que du paganisme déguisé, un culte démoniaque et idolâtre institué par un « égaré ».

En réalité, la venue de l'islam s'inscrit dans un schéma biblique évident. L'islam dominateur annonce la fin des temps. La Pierre noire de la Kaaba dont « certains disent que c'est sur elle qu'Abraham s'est uni à Agar », sous la plume de Jean Damascène ou celle de Nicétas de Byzance, devient une idole sculptée à l'image d'Aphrodite. S'ensuit une religion perverse et portée à toutes les débauches.

LE REJET DE LA DIFFÉRENCE

La piraterie, la montée de la puissance musulmane, ajoutées à quelques massacres ou pillages perpétrés dans des villes byzantines, vont encore amplifier ce phénomène de rejet.

Cette caricature outrée du monde arabo-musulman se retrouve également en Occident.

En 711, des troupes musulmanes passent le détroit de Gibraltar, s'emparent du royaume wisigothique, puis franchissent les Pyrénées. Certes, elles sont battues près de Toulouse par Eudes d'Aquitaine (720) puis repoussées par Charles Martel près de Poitiers (732) Mais, elles s'emparent bientôt de la Sardaigne, de la Sicile, s'installent sur les côtes de Provence et d'Italie.

L'invasion de la Gaule franque, stoppée en 732, oblige l'Occident à sortir de sa relative léthargie. Désormais, le « Sarrasin » devient l'ennemi. Bède le Vénérable n'a-t-il pas prédit cette « abomination » dès 729, d'après l'apparition de deux comètes ?

Au milieu du IXe siècle paraissent des écrits plus explicites encore. L'exécution des « martyrs de Cordoue », accusés d'avoir dénoncé Mohammed comme un faux prophète voué aux flammes de l'enfer, sonne le glas dès 851 d'une relative tolérance entre Occident et islam.

Euloge de Cordoue n'a pas de mots assez durs pour ce nouveau « prophète » à la langue plus acérée qu'une dague. Dans un texte apologétique concernant les « martyrs », il n'hésite pas à affirmer que l'« hérésiarque Mahomet », a commencé sa prédication après avoir assisté à des réunions de chrétiens. Après quoi, ayant fixé dans sa mémoire ce qui lui avait été rapporté, « et comme un rusé fils des ténèbres qu'il était », « il devint plus savant que tous les siens, ces bêtes brutes d'Arabes. Embrasé par la flamme de la sensualité, il n'hésita pas à forniquer avec sa tutrice selon la coutume des Barbares. Puis, l'esprit d'erreur lui apparaissant sous la forme d'un vautour avec une tête d'or, prétendit être l'ange Gabriel et lui donna l'ordre d'apparaître comme un prophète parmi son peuple. Empli de l'enflure de l'orgueil, il commença à faire des prédictions inouïes à ces bêtes brutes et insinua [...] qu'elles devaient abandonner le culte des idoles et adorer au ciel un Dieu de chair. Il ordonne à ceux qui croient en lui de prendre les armes et, comme s'il était animé d'un zèle de prosélyte, les invite à passer leurs adversaires au fil de l'épée. »

Euloge de Cordoue, emporté par une fièvre guerrière, va même jusqu'à affirmer que Mohammed a prédit qu'il ressusciterait le troisième jour, mais qu'en fait de résurrection, son corps a été mis en pièces par des chiens !

D'autres auteurs iront plus loin encore.

L'important est que ces écrits vont voyager à travers tout l'Occident. Les reliques de trois des « martyrs de Cordoue » seront même transférées à Paris sous le règne de Charles le Chauve.

La diabolisation de l'islam est en marche. Il ne sera bientôt plus, aux yeux des Occidentaux, qu'une religion du glaive, conquérante et cruelle. Le paradis n'y est-il pas promis à tous ceux qui tueront un ennemi, c'est-à-dire un infidèle ? Une image qui perdurera jusqu'à nos jours.

Des caricatures – déjà ! – représentent Mohammed sous la forme d'un monstre.

Pourtant, cette vision intellectualisée de clercs partisans ne correspond pas exactement à la réalité. Certes, une propagande soigneusement orchestrée au XIe siècle prépare les croisades en faisant de l'infidèle qui occupe alors Jérusalem l'objet de toutes les haines. Mais, jusque-là, les pèlerinages chrétiens en Palestine se déroulent pacifiquement. De même, si la conquête musulmane a quelque peu fermé l'espace méditerranéen et isolé un Occident convaincu de sa supériorité sur l'Orient, les échanges économiques se poursuivent. « La papauté a beau mettre l'embargo sur les marchandises chrétiennes à destination du monde musulman, écrit Jacques Le Goff, la contrebande fait échec à ces prohibitions. Les papes finissent par admettre des dérogations, des brèches dans ce blocus dont les chrétiens souffrent plus que les musulmans, par délivrer même des licences [1]. »

---

1. Jacques Le Goff, *La Civilisation de l'Occident médiéval*, *op. cit.*

Les républiques italiennes – Venise en particulier – jouent un rôle considérable dans ce commerce.

Ces Maures qu'accueille Arthur à sa table, ces Sarrasins, ce sont eux surtout qui vont faire bénéficier l'Occident au fil des siècles d'un nombre impressionnant d'avancées économiques et culturelles. Car le monde arabe se situe alors à l'avant-garde de la civilisation face à un Occident encore mal dégrossi.

UN ORIENT NOVATEUR ET CRÉATIF

Les Maures ont beau féliciter Arthur sur la cuisine de Kaamelott, ce sont les Occidentaux qui, de toute évidence, leur doivent le plus.

Les croisades, en effet, vont amplifier les contacts et les transmissions de savoir. Bien des procédés techniques connus en Occident sont venus de Terre sainte, tels les ponts avec piles en pierre, les installations hydrauliques, les aqueducs, les moulins à vent, la culture de la canne à sucre, l'utilisation des pigeons voyageurs pour envoyer des messages, ou la boussole.

C'est durant cette période également que seront introduites en Europe de nombreuses espèces végétales – venues du Proche-Orient ou d'Extrême Orient – destinées à améliorer l'alimentation des Occidentaux : concombre, courge, melon, citron, orange, pêche, artichaut, épinard, riz, safran. De cet Orient arabe que seront importées de nombreuses étoffes dont on retrouvera la richesse dans les vêtements européens et jusque dans les habits sacerdotaux. De là, que viendront maquillage et usage des parfums, habitudes d'hygiène et de propreté, et même port de la barbe pour des Occidentaux qui, jusque-là, avaient le visage plutôt glabre. De cet Orient encore que l'on appréciera les instruments de musique tels que le luth ou la harpe.

Très tôt également, l'Occident romain et Byzance ont pu mesurer la richesse de la culture intellectuelle et scientifique du monde arabo-musulman. On sait ainsi que Gerbert d'Aurillac, le futur pape Sylvestre II, a étudié les mathématiques dans des monastères catalans vers 970 grâce à des traductions latines d'ouvrages arabes.

A l'époque où l'Occident avait quelque peine à se dégager de la barbarie, des civilisations brillantes émergeaient des sables du désert : omeyade, abbasside. Tout au long du Moyen Age, la culture occidentale n'a pu s'enrichir que grâce à elles. Dès le VIIIe siècle, les grands textes de la philosophie grecque et hellénistique avaient déjà été traduits à Bagdad. Mais, les peuples arabes devaient jouer bien plus qu'un simple rôle de transmetteurs. Ils devaient jeter les bases de l'algèbre moderne, de l'arithmétique, de la trigonométrie, de l'astronomie, de la géologie.

Par Antioche, Pise, ou Byzance parvinrent en Europe d'innombrables textes – traduits en latin – qui remirent au goût du jour cette culture grecque oubliée, augmentée de connaissances venues de Chine ou des Indes. Pour la médecine, ce sont des Arabes chrétiens, de langue grecque ou syriaque, qui firent connaître leur science en Europe.

En ce qui concerne cette dernière, les connaissances d'un Ar Razi, qui vivait au Xe siècle, ne cessent de nous étonner par leur modernité et leur profondeur. Non content de s'intéresser à la circulation sanguine, aux maladies contagieuses – variole, rougeole –, aux maladies de la vessie, au rhumatisme articulaire ou encore aux effets néfastes du mercure sur l'organisme, Ar Razi écrit des traités sur les plantes médicinales, la diététique et des livres de cuisine. Il signale le poids des influences climatiques sur la santé des individus. Il indique les conditions d'hygiène indispensables à la guérison des maladies, prescrit l'usage des bains, affirme la nécessité d'user d'eau potable, de veiller sur l'aération et la température de la chambre d'un malade.

Ar Razi s'intéresse même aux maladies mentales. Mais, par-dessus tout, il cherche à être un médecin profondément humain et honnête. « Les malades, écrit-il, exigent que le médecin, tel un magicien, les guérisse sur-le-champ, car seul un résultat patent et immédiat les impressionne, et ils n'ont que peu d'estime pour l'homme auquel chacun de ses actes médicaux pose un cas de conscience. Le public s'extasie sur certaines merveilleuses guérisons accomplies par des charlatans, mais oublie ou tait leurs échecs. » Et ailleurs : « Tout médecin doit persuader son patient qu'il guérira et entretenir en lui cet espoir, même si l'issue est des plus douteuses. L'esprit imposant sa volonté au corps, le médecin doit encourager celui que la mort a déjà marqué pour lui insuffler un regain de vigueur. »

Quel médecin du XXIe siècle ne souscrirait pas à une telle exigence ?

Notre vocabulaire conserve aujourd'hui encore la trace de cette influence arabe sur notre culture et notre vie quotidienne. Combien de mots arabes, en effet, utilisons-nous aujourd'hui sans le savoir : alcool (*al kohol*), hasard (*az-zahr* signifiant jeu de dés), mousson (*maussim*), sucre (*soukkar*), chiffre (*sifr*), coton (*koutoun*) ou encore amalgame, amulette, alcôve, bananes, blouse, carrousel, hallebarde, élixir, émeraude, matelas, risque, tabouret, tant d'autres encore...

La rencontre d'Arthur avec une délégation maure est donc moins une ripaille que le choc de deux cultures dont l'une est supérieure à l'autre, plus brillante.

Voilà pourquoi il n'est pas exagéré de penser que « c'est à partir du moment où, en dépit de l'interdiction et de l'hostilité officielle, l'Occident s'ouvrit au commerce avec l'Orient arabe qu'il s'engagea sur la voie du développement économique. C'est en s'appropriant les conquêtes musulmanes sur les plans technique, sanitaire et administratif, en adoptant aussi ses conquêtes sur le plan culturel que l'esprit occidental s'éveilla enfin d'un engourdissement vieux de plusieurs siècles et déplia ses ailes pour prendre son essor[1]. »

Tous les Occidentaux ne s'y sont pas trompés qui ont compris très vite – contrairement à certains clercs – quel profit ils avaient à tirer de ces contacts avec l'Orient arabe. Voilà pourquoi, en Terre sainte, les relations ont été très souvent pacifiques et plus riches qu'on ne le suppose. Lors d'un voyage en Palestine en 1184, Ibn Jobair s'étonne ainsi que « les chrétiens font payer sur leur territoire aux musulmans une taxe qui est appliquée en toute bonne foi. Ces marchands chrétiens, à leur tour, paient en territoire musulman sur leurs marchandises ; l'entente entre eux est parfaite et l'équité est observée en toute circonstance. Les gens de guerre sont occupés à leur guerre ; le peuple demeure en paix... La situation de ce pays sous ce rapport est si extraordinaire que le discours ne saurait en épuiser la matière ».

1. Sigrid Hunke, *Le soleil d'Allah brille sur l'Occident*, Albin Michel, 1997.

La réalité ne sera pas toujours aussi aimable, hélas. En 1099, les massacres perpétrés par les Francs lors de la prise de Jérusalem demeureront une souillure ineffaçable sur le blanc manteau des chevaliers venus d'Occident. Les Sarrasins pillards et infidèles montreront rarement autant de sauvagerie.

BYZANCE, L'AUTRE CHRÉTIENTÉ

Byzance n'apparaît guère dans *Kaamelott*. On la croise seulement sous les traits du général Narsès, un eunuque clèbre pour ses hauts faits d'armes et un rien voyeur !

Pourtant, face à l'islam des Maures et des Sarrasins, il y a Byzance, et l'Occident chrétien. Que pèsent-ils en comparaison de cet Orient arabe ? Comment surtout Rome et Byzance se voient-elles mutuellement depuis l'effondrement de l'Empire romain ?

Car, si au XIe siècle les musulmans ignorent à peu près tout de ces Francs qui ne vont pas tarder à venir bouleverser l'équilibre du Proche-Orient, les deux chrétientés ne se connaissent pas davantage. L'Occident ignore à peu près tout de la langue grecque et Byzance juge l'Occident trop barbare pour s'intéresser vraiment à lui.

Un signe évident de cette indifférence : Byzance ne connaît pas la géographie, très en vogue dans l'islam. Volontairement. Vus de Constantinople, les territoires occidentaux ou orientaux, païens ou dominés par des « rebelles chrétiens », sont considérés comme quasi inexistants. Ils ne participent pas de la sphère byzantine, ne reconnaissent pas l'autorité de Constantinople : pourquoi donc s'y intéresser ne serait-ce que du point de vue géographique ? Pour les Grecs, depuis le Caucase et les pays des Arabes jusqu'à celui des « Celtes », il n'existe qu'une « Barbarie périphérique ».

Aux yeux des Byzantins, l'Occident chrétien – celui qui se réfère à la Rome papale – est donc aussi « barbare » que l'Empire arabo-musulman. Eux seuls se considèrent comme les héritiers de la culture gréco-latine. Eux seuls revendiquent le véritable héritage du Christ.

La décadence de l'Empire byzantin va changer cette perspective. L'appel à la croisade, les conflits récurrents avec Rome, la conquête de l'Italie par les Normands sont des facteurs de division. L'idéologie impériale byzantine se sclérose et l'annonce de la première croisade va encore aggraver les dissensions.

En ce XIe siècle où l'Occident chrétien vit à l'heure de la reconquête de Jérusalem, l'arrivée des croisés ne représentera qu'une démarche conquérante semblable à celle du *djihad* musulman. Entre l'armée de Godefroy de Bouillon et les Turcs seldjoukides, le vieil Empire d'Orient ne fait alors guère de différences.

D'ailleurs, en 1098, les Byzantins voient en ces croisés des êtres vulgaires, mus par l'amour de la violence et par l'appât du gain. La fille de l'empereur Alexis Comnène ne pense pas autrement qui écrit au sujet de son père : « Il en redoutait l'arrivée, car il connaissait leur élan irrésistible, leur caractère instable et versatile, ainsi que tout ce qui est propre au tempérament celte avec toutes ses conséquences nécessaires [...] Loin de se décourager pourtant, il prenait toutes ses dispositions pour être prêt à combattre si l'occasion l'y obligeait. La réalité était beaucoup plus grave et plus terrible que les bruits qui couraient, car c'était l'Occident entier, tout ce qu'il y a de nations barbares habitant le pays situé entre l'autre rive de l'Adriatique et les colonnes d'Hercule – c'était tout cela qui émigrait en masse, cheminait par familles entières et marchait sur l'Asie en traversant l'Europe d'un bout à l'autre. Les Celtes arrivaient les uns à la suite des autres avec armes, chevaux, et tout l'équipement militaire. Ces hommes avaient tant d'ardeur et tant d'élan que tous les chemins en furent couverts ; les soldats celtes étaient accompagnés d'une multitude de gens sans armes portant des palmes et des croix sur leurs épaules : femmes et enfants qui laissaient leur pays. A les voir, on aurait dit des fleuves qui confluaient de partout ! »

La terreur : voilà donc ce qu'inspire l'arrivée des croisés d'Occident aux portes de Byzance. En réalité, Alexis Comnène nourrit à l'égard de Godefroy de Bouillon les mêmes préventions que Rome à l'égard des populations celtiques ou germaniques qui s'installaient quelques siècles plus tôt sur les marges de l'Empire.

Vue de l'Occident fidèle à Rome, la perspective apparaît quelque peu différente. Byzance reste l'héritière de l'Empire romain – une référence politique, matérielle et intellectuelle – et conserve tout son prestige.

Car, le principe de cette survivance d'une autorité – le *basileus* – issue du grand Empire latin, ne cesse de fasciner les peuples barbares. Jusqu'au début du VIIIe siècle, personne n'a vraiment songé à la remettre en cause. La papauté et les évêques occidentaux ont reconnu la prééminence de l'empereur, de même que son droit à présider les grands conciles.

Pourtant, les Latins jugent les Grecs trop riches, trop efféminés, lâches, trompeurs, cupides, débauchés. Plus tard, les croisés affirmeront que « les Grecs n'étaient point chrétiens et que c'était rien de moins que de les tuer ».

Peu à peu, les chemins ont divergé. Déjà, en 800, le couronnement de Charlemagne a paru un acte de rébellion. Puis, un peu plus tard, la restauration de l'Empire sous Otton Ier.

Intérêts et querelles de pouvoir n'ont cessé, dès lors, d'élargir le fossé entre les deux chrétientés. Rome ne parle pas grec, et Byzance refuse le latin. Les deux mondes se méprisent ou s'ignorent. Au VIIIe siècle, le fameux problème de l'iconoclasme a encore jeté de l'huile sur le feu. Le culte des images condamné dans l'Empire byzantin ne l'a pas été par Rome. A la suite de quoi la papauté a commencé à voir dans cette tradition orientale la plus dangereuse des déviations.

Lorsqu'il s'est agi de convertir les populations slaves, la querelle a éclaté au grand jour. Rome est parvenue à maintenir sa domination sur une partie des populations des Balkans, Byzance sur une autre frange serbo-croate, notamment en Bulgarie. Des deux côtés, les missions latines et orientales se sont affrontées.

En 1054 enfin, l'affrontement a connu son point culminant lors de la rupture définitive entre Rome et Constantinople, cette dernière considérant, d'un point de vue théologique, que le Saint-Esprit procédait seulement du Père et non du Fils. Ambitions temporelles, volonté de domination et d'universalisme ont définitivement tranché le lien entre Rome et Byzance. L'excommunication réciproque du patriarche de Constantinople et des légats pontificaux a scellé la fracture.

Désormais, pour le chrétien d'Occident, le Byzantin est simplement devenu un schismatique.

Seules les républiques maritimes italiennes – Venise et Amalfi –

resteront d'une fidélité irréprochable à l'Empire jusqu'au XIe siècle. Les liens politiques et commerciaux y étaient trop puissants depuis le haut Moyen Age.

Vue de l'Occident, Byzance apparaît donc au fil du temps comme une ennemie intime, mais aussi comme une alliée ancienne dont on ne parvient guère à se détacher. C'est une vieille histoire d'amour qui bat de l'aile.

LES CROISÉS S'EN MÊLENT

Les croisades vont encore accentuer cette rupture. Byzance n'appréciera guère l'arrivée de ces croisés qui, pourtant, auront accepté de prêter serment à l'empereur Alexis Comnène lors de leur passage sur ses terres. Les croisés, de leur côté, reprocheront à Constantinople sa tiédeur dans une lutte qui ne semblait guère la concerner. Pire : Byzance, rétive à l'idée de mener une « guerre sainte », se verra accusée par l'Europe de saper ses efforts militaires, de vouloir tirer profit de la conquête de certains territoires qui avaient fini par lui échapper, mais sans s'engager résolument dans la bataille.

Voilà pourquoi l'armée de la IVe croisade n'a aucun scrupule à attaquer Constantinople au mois d'avril 1203. Certes, l'appel lancé par Alexis l'Ange, le fils d'Isaac II – empereur aveugle et détrôné par son frère Alexis III – vient à point nommé. Alexis l'Ange a juré ses grands dieux que, si les croisés venaient rétablir son père sur son trône, il leur fournirait 200 000 marcs et toute l'aide dont ils auraient besoin pour leur croisade en Egypte.

Alexis III est un usurpateur : voilà pour la raison officielle. Mais, les arrière-pensées sont autres. Car comment faire la guerre à d'autres chrétiens sous le regard des infidèles sans en éprouver des scrupules ?

Heureusement, l'Eglise intervient dans le débat pour disculper les croisés. « Les évêques et les clercs de l'armée parlèrent ensemble, écrit le chroniqueur Robert de Clari, et jugèrent que la bataille était légitime, et qu'on pouvait les attaquer, car anciennement ils obéissaient à la loi de Rome et maintenant ne lui obéissaient plus. Aussi, dirent les évêques, les attaquer n'était pas péché, mais au contraire grande œuvre de piété. »

L'appât du gain finira par l'emporter sur la haute politique, et plus encore sur la fièvre mystique.

Le 24 juin 1203, les croisés mouillent devant Chalcédoine. Constantinople est juste en face. « Je puis vous affirmer, écrit l'historien Villehardouin, que tous ceux qui voyaient Constantinople pour la première fois la fixaient, émerveillés, n'ayant jamais imaginé qu'il pût exister une aussi belle ville. Ils virent les hautes murailles et les tours altières qui l'entouraient, ses riches palais et ses vastes églises, si nombreuses qu'ils ne l'eussent point cru s'ils ne l'avaient vu de leurs propres yeux, et contemplèrent les dimensions d'une ville qui l'emporte sur toute autre. Il n'y eut homme si brave et si audacieux qui en frissonnât. Et ce n'est point merveille, car jamais depuis la création on n'avait osé telle entreprise. »

Les croisés prennent la ville au mois de juillet. Alexis III préfère s'enfuir. Aussitôt, l'empereur aveugle est tiré de son donjon et son fils, devenu Alexis IV, couronné à Sainte-Sophie en présence des croisés.

Reste au nouvel empereur à tenir ses promesses. Hélas, l'état du

Trésor ne le lui permettant pas, il doit lever de nouveaux impôts, suscitant la haine des habitants de Constantinople qui reprochent également à Alexis son occidentalisme et le soutien qu'il apporte ainsi au pape.

Très vite, des émeutes et des rixes éclatent à travers la ville. Le comportement des croisés, il est vrai, en est largement responsable. Arrogants, souvent ivres, ils se considèrent en territoire conquis, pillant à leur gré boutiques et marchés. Un jour, furieux, ils mettent même le feu à une mosquée, détruisant du même coup tout un quartier par les flammes. Les incidents se multiplient, les tensions s'exacerbent.

Au moins de février, le point de non-retour est atteint. Le peuple de Constantinople se soulève. Alexis IV et son père sont assassinés.

Pour les croisés, inquiets et isolés, une seule solution : conjurer la menace en reprenant Constantinople.

Le 15 avril, c'est chose faite.

Il n'y aura pratiquement aucune résistance, le nouvel empereur Alexis V et la plupart des chefs grecs ayant pris la fuite.

Pendant trois jours, ce ne seront plus alors que meurtres, viols et brigandages. Vingt mille hommes – pour la plupart des mercenaires – envahissent les rues de la ville et se comportent en vendangeurs ivres. Dans la fièvre des combats, on se livre aux pires turpitudes. On fait main basse sur tous les objets d'art, religieux ou non, sur toutes les richesses. A Sainte-Sophie, les Francs s'enivrent dans des ciboires et installent une prostituée sur le trône du patriarche avant de lui faire entonner des chansons obscènes. Des religieuses arrêtées en pleine rue sont mises nues, puis violées. Partout, on allume des incendies qui ravageront des quartiers entiers de Constantinople.

La ville regorgeait de richesses, les Francs se sont servis, désireux d'humilier la trop orgueilleuse Byzance. « Les Sarrasins eux-mêmes, écrira le chroniqueur grec Nicètas Choniatès, sont bons et compatissants en comparaison de ces gens qui portent la croix du Christ sur l'épaule. »

On est bien loin ici de la pacifique rencontre entre Arthur et ses Maures. La tolérance dont fait preuve le roi de Kaamelott – il voudrait être le premier roi de Bretagne à abolir la peine de mort et la torture – relève davantage des idéaux du XXe siècle que d'une réalité médiévale oscillant entre le chaos et l'harmonie, entre les âges sombres et les lumières du XIIe siècle.

En réalité, Arthur-Alexandre Astier dit tout de cette ambivalence dans son sketch intitulé « L'Oud ».

Ce soir là, Arthur se sent l'âme mélancolique et joue de la musique dans sa chambre.

Au-dessous, Léodagan et Séli, agacés, s'impatientent.

Séli : *A ce train-là, c'est pas demain qu'on a un petit-fils, croyez-moi !*

Léodagan : *Ah non, il nous aura tout fait... Quand je pense que les Saxons sont à deux doigts de raser le pays, qu'on n'a pas une seule tourelle qui tient debout, et que l'autre il fait de la musique !*

Séli : *C'est un mou. Le pouvoir, ça lui est tombé dessus comme la misère sur le pauvre monde, il a pas les épaules !*

Léodagan : *En attendant, c'est lui le patron. Sous prétexte qu'il a tiré une épée d'un rocher !*

Cette mauvaise humeur n'empêche toutefois pas Arthur de continuer à jouer de l'oud en compagnie de Demetra, sa maîtresse.

Demetra (désignant l'oud) : *Ça vient d'où, ce machin ?*

Arthur : *Egypte !*

Demetra : *Et pourquoi vous en jouez ?*

Arthur (laconique) : *J'aime bien...*

Demetra : *Non, mais je veux dire, pourquoi vous en jouez maintenant ?*

Arthur : *Je sais pas... C'est comme une sérénade*[1].

Et Arthur continuera de jouer.

Face à un Léodagan animé de sentiments belliqueux, Arthur préfère ainsi la musique qui adoucit les mœurs ; plutôt que la tourelle, la tourterelle ; et, au lieu des chevauchées des « Ages sombres », l'amour courtois.

Toute l'ambiguïté qui est au cœur du Moyen Age évoqué par *Kaamelott* ne pouvait trouver meilleure illustration.

1. *Kaamelott*, livre I, tome 1, épisode 45.

Lectures conseillées

Aurell Martin, *L'Empire des Plantagenêt*, Paris, Perrin, 2003.

Berthelot Anne, *Arthur et la Table ronde, la force d'une légende*, Paris, Gallimard, 2004.

Berthelot Anne, *La Légende du roi Arthur*, Paris, Chêne, 2004.

Brunaux Jean-Louis, *Les Druides*, Paris, Seuil, 2006.

Casson Lionel, *Les Chefs barbares*, Paris, Du Fanal, 1984.

Chrétien de Troyes, *Œuvres complètes*, Paris, La Pléiade, Gallimard, 1994.

Contamine Philippe, *La Guerre au Moyen Age*, Paris, PUF, 1980.

Cunliffe Barry, *Les Celtes*, Paris, Errance, 2006.

Flori Jean, *Chevaliers et chevalerie*, Hachette, 1998, rééd. 2004.

Fossier Robert, *L'Occident médiéval (v*e*-xiii*e *siècle)*, Paris, Hachette, 1995.

Le Goff Jacques, *La Civilisation de l'Occident médiéval*, Paris, rééd. Flammarion, 1997.

Guyonvarc'h Christian J., *Magie, médecine et divination chez les Celtes*, Paris, Payot, 1997.

Markale Jean, *Le Roi Arthur et la société celtique*, Paris, rééd. Payot, 1985.

Monmouth, Geoffroi de, *L'Histoire des rois de Bretagne*, Paris, Les Belles lettres, 1992.

Riché Pierre, *Les Invasions barbares*, Paris, rééd. PUF, 2003.

Verdon Jean, *Le Moyen Age, ombres et lumières*, Paris, Perrin, 2004.

Viennot Eliane, *La France, les femmes et le pouvoir*, Paris, Perrin, 2006.

Walter Philippe, *Arthur, l'ours et le roi*, Paris, Imago, 2002.

Sur les trac

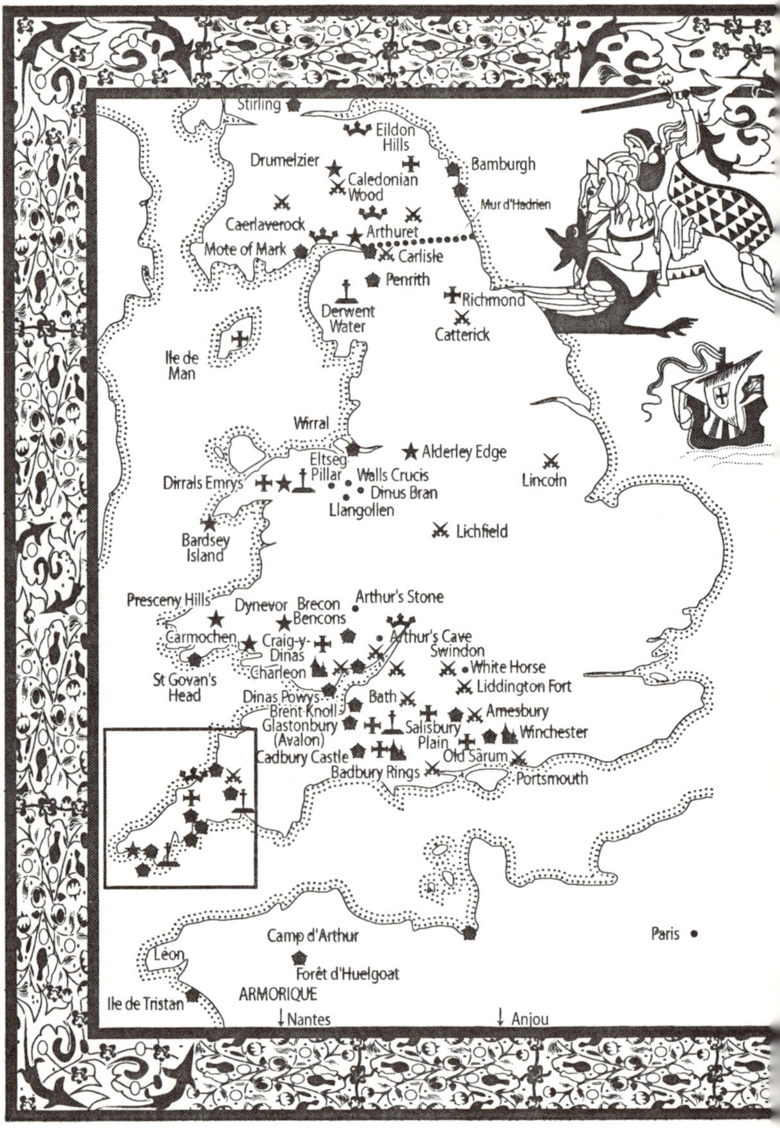

Stirling
Eildon Hills
Drumelzier
Caledonian Wood
Bamburgh
Mur d'Hadrien
Caerlaverock
Arthuret
Mote of Mark
Carlisle
Penrith
Richmond
Derwent Water
Catterick
Ile de Man
Wirral
Alderley Edge
Eltseg Pillar
Walls Crucis
Dinus Bran
Dirrals Emrys
Lincoln
Llangollen
Lichfield
Bardsey Island
Presceny Hills
Dynevor
Brecon Bencons
Arthur's Stone
Arthur's Cave
Carmochen
Craig-y-Dinas
Swindon
Charleon
White Horse
St Govan's Head
Liddington Fort
Dinas Powys
Bath
Brent Knoll
Amesbury
Glastonbury (Avalon)
Salisbury Plain
Winchester
Cadbury Castle
Old Sarum
Badbury Rings
Portsmouth
Camp d'Arthur
Paris
Léon
Forêt d'Huelgoat
Ile de Tristan
ARMORIQUE
Nantes
Anjou

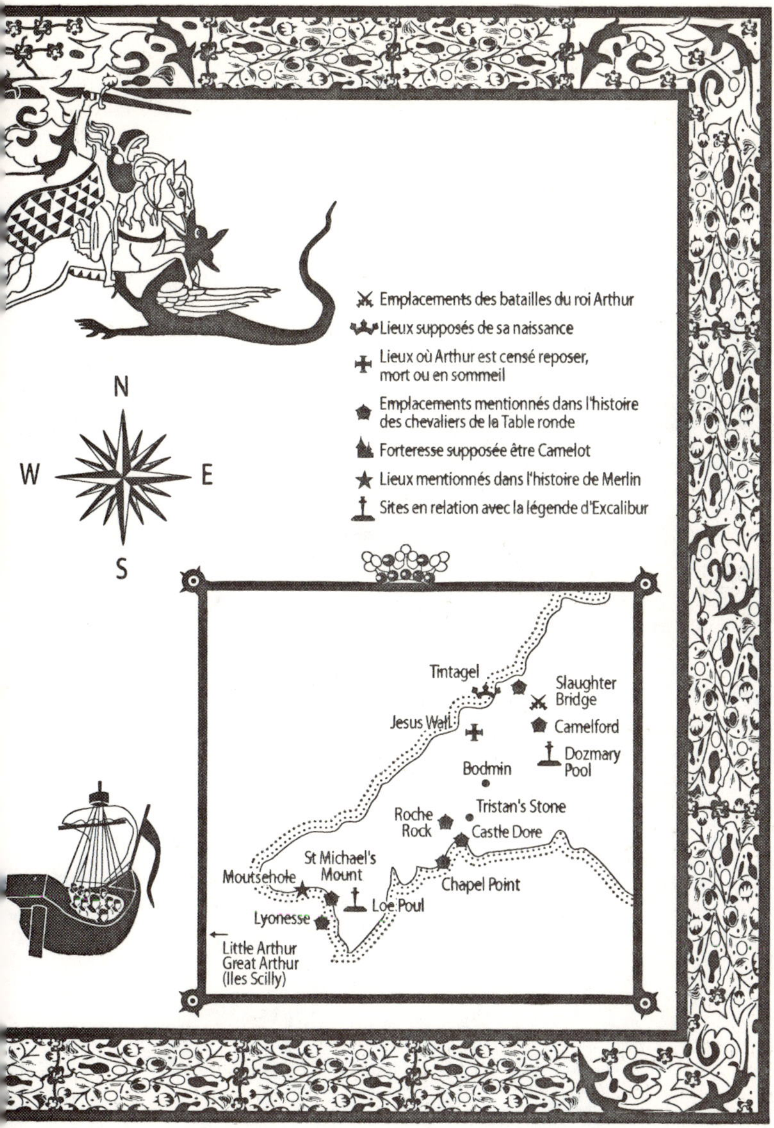

Emplacements des batailles du roi Arthur
Lieux supposés de sa naissance
Lieux où Arthur est censé reposer, mort ou en sommeil
Emplacements mentionnés dans l'histoire des chevaliers de la Table ronde
Forteresse supposée être Camelot
Lieux mentionnés dans l'histoire de Merlin
Sites en relation avec la légende d'Excalibur
N
W
E
S
Tintagel
Slaughter Bridge
Jesus Wall
Camelford
Dozmary Pool
Bodmin
Tristan's Stone
Roche Rock
Castle Dore
St Michael's Mount
Moutsehole
Chapel Point
Loe Poul
Lyonesse
Little Arthur
Great Arthur
(Iles Scilly)

Les invasions barbares aux Ve et VIe siècles

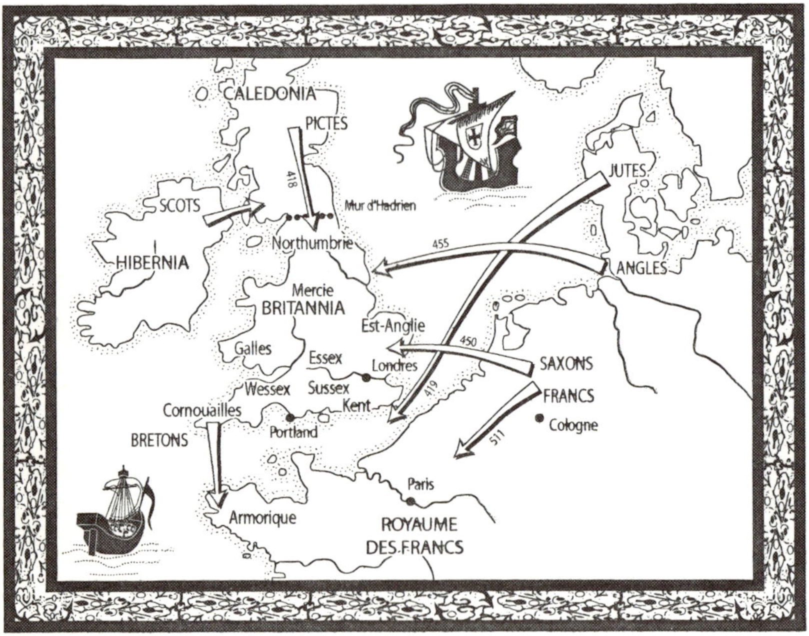

TABLE